반짝하고 사라질 것인가, 그들처럼 롱런할 것인가

살아
남은
것들의
비밀

Welcome to the
New World

이랑주 지음

샘터

살아남은 것은 이유가 있다

아는 세계에서 모르는 세계로 넘어가지 않으면
우리는 아무것도 배울 수 없다.

_클로드 베르나르

　　　　　　　어느 날 공空 점포가 수두룩한 지하상가에 강의를 가게
되었다. 상가에 들어서는 순간 장사가 심각하게 안 되는 곳이라는 것을 알
수 있었다. 강의를 들으시는 분들의 표정이 밝지 않았다. 고통이 그분들의
얼굴에 나타나 강의하는 내내 마음이 편하지 않았다.

　나는 강의 중에 처음 입사했던 이랜드 이야기를 종종 한다. 그곳에서 정
말 행복하게 일했고, 많은 것을 배웠기 때문이다. 이랜드에서 계약직 사원
으로 일했던 2년간의 경험이 있었기에 오늘의 내가 있다고 해도 과언이 아
니다.

　이랜드는 1980년 이대 앞 보세옷 가게로 시작해서 오늘날의 대기업
이 된 회사다. 보세옷 가게에서 대기업이 되기까지의 남다른 경영 전략과
VMD비주얼 머천다이징, Visual Merchandising & Design 기법에 대해서 설명하고 있

● ● 수백 년의 역사를 가진 스페인 보케리아 시장 입구. 한 시장이 백 년을 유지하기도 힘든데,
수백 년의 세월을 이기고 살아남아 사랑받는 시장에는 어떤 비밀이 있는 것일까?

는데, 아주머니 한 분이 질문을 하셨다.

"나도 80년도에 옷 가게 시작했는데, 난 왜 다 망해 가는 상가에 있는 걸까요?"

순간 말문이 막혔다. 뭐라고 답해야 할지 몰라 그저 상투적인 답변을 하고 말았다.

"사장님도 열심히 하시면 잘될 거예요. 힘내세요."

하지만 그런 영혼 없는 대답은 아무 도움이 되지 않는다는 것을 나도 알고 그분도 알고 있었다.

당신은 어떤 나무꾼인가?

집에 돌아와서 곰곰이 생각해 봤다. 왜 그럴까? 전통시장 상인과 소상공인 분들은 정말 열심히 일하신다. 하루에 12시간은 기본이고, 새벽에 나와 도매 장사를 하고 낮에 시장 한 귀퉁이에서 쪽잠을 잔 뒤 다시 오후 소매 장사까지 하신다.

하루에 14~16시간씩 누구보다도 열심히 30년간 일해 왔는데, 누구는 대기업 CEO가 되고 왜 그분은 망해 가는 상가에 있는 것일까? 열심히 일하는 사람이 더 많이 벌고, 더 잘살아야 하는 것이 당연한 이치인데 왜 그렇게 되지 않을까?

철학자도 경영학자도 미래학자도 아닌 내가 한마디로 답을 내기는 힘들었다. 하지만 VMD 컨설팅을 다니면서 만난 상인 분들의 생활 패턴을 곰곰이 살펴보니 문제가 보였다. 바로 열심히 일만 하는 게 문제였다. 그 안에서 열심히만 할 것이 아니라 가끔은 다른 사람들은 무엇을 하는지 구경도 다녔어야 했다.

두 명의 나무꾼이 있었다. 한 명은 하루 종일 나무를 베고 가끔은 야근
도 하면서 열심히 하루에 14시간을 일했다. 다른 한 명은 하루에 8시간만
나무를 베고 일찍 퇴근했다.

20년 뒤 하루에 8시간 나무를 벤 사람과 하루에 14시간 나무를 벤 사
람 중 누가 더 성공해 있을까? 단순 노동시간으로 따진다면 당연히 14시
간씩 일한 사람이 더 부자가 되어 있어야 한다. 하지만 20년 뒤 더 성공한
것은 8시간만 일한 사람이었다.

그는 8시간 일하고 나머지 시간에는 세상이 어떻게 생겼는지 보러 다녔
다. 하루는 옆 마을에 있는 숲에 갔더니 전기톱을 가지고 나무를 베고 있었
다. 다른 날은 조금 더 멀리 떨어진 숲에 가보았다. 그 숲에서는 나무를 가
공해서 종이를 만드는 공장을 건설하고 있었다. 그는 마을로 돌아와 공장
을 세워 갑부가 되었다.

8시간만 일하고도 성공한 기업가가 된 사람은 자신만의 숲에 갇히지 않
고 더 넓은 숲을 보러 떠나는 모험을 두려워하지 않았던 것이다. 직접 모험
을 하지 못할 경우에는 책을 통해서 간접 경험을 했다. 그는 시간 활용에
성공한 사람이었다. 일할 시간, 도끼를 갈 시간, 낯선 도끼를 찾아다닐 시간
을 적절하게 잘 분배해서 인생 전체를 설계한 것이다.

그가 낯선 세상과 만나는 동안 다른 한 사람은 하루에 14시간씩 열심히
나무만 벴다. 평생 공장에서 나무 베는 근로자로 살았다. 20년 뒤 근육이
다 빠져 버린 팔뚝과 무딘 도끼날로는 젊을 때만큼 많은 나무를 벨 수 없
었고, 공장을 세울 자본도, 새로운 것을 받아들일 안목도 없었다. 그는 젊은

시절 시간을 효율적으로 사용하지 못했고, 낯선 세상을 만나는 것을 두려워한 나머지 모험을 불필요한 행동이라 치부해 버렸다. 그 결과 20년 뒤 더 큰 두려움과 맞닥뜨린 것이다.

아는 세상에서 모르는 세상으로

나 역시 '옆도 뒤도 돌아보지 않고 열심히 나무만 베는 나무꾼'으로 살았다. 2012년은 내가 전문대학교를 졸업하고 일을 시작한 지 20년이 되는 해였다. 회사를 다니며 야간 대학을 마치고 박사 학위를 받기까지 누구보다 치열하게, 열심히 살아왔다. 매 순간 후회하지 않을 만큼 최선을 다했다. 바쁜 일상 속에서 다들 이렇게 사니까 '바쁜 게 좋은 거다, 잘하는 거다'라며 스스로를 위안했다.

하지만 두려웠다. 이게 언제까지 갈까? 앞으로 이 일을 얼마나 더 할 수 있을까? 나도 20년 동안 내 안에 갇혀서 이 생각이, 이 방법이 맞는 것이라고 착각하며 살아왔던 게 아닐까? 그리고 그 지하상가의 상인 분이 했던 말이 자꾸 떠올랐다.

똑같이 시작했는데 누구는 다 망해 가는 지하상가에 남았고 누군가는 대기업 회장이 되었다. 왜 그렇게 되었을까? 변화를, 모험을 두려워했기 때문이 아닐까? 낯선 것과 조우하는 시간을 갖지 않았기 때문이 아닐까?

한 아주머니가 던진 인생의 화두는 내 몸 전체를 괴롭혔다. 답을 찾으려고 하면 할수록 더 깊은 수렁에 빠졌고, 꼬리에 꼬리를 무는 잡념들로 잠 못 드는 날이 점점 많아졌다.

무엇이 정답인지 알 수는 없었지만, 어렴풋이 떠오르는 한 가지는 지금까지 해왔던 익숙했던 것들과 이별을 고하고 낯선 곳으로 나 자신을 보내야 한다는 것이었다. 시간이 흐를수록 그 열망은 나를 더욱 강렬하게 사로잡았다.

내가 알고 있는 지식이란 '내가 허용한 제한적인 경험의 산물'일지도 모른다는 생각이 들었다. 다소 불편했지만 이러한 생각은 나를 더욱 유연한 사람으로 만들어 주는 강력한 힘이 되었다. 내가 부족하다는 것을 인정하고 나니 더 이상 머뭇거릴 수 없었다.

아는 세계에서 모르는 세계로 넘어가기 위해, 더 많은 것을 배우기 위해 나는 잠시 멈췄다. 운영해 오던 회사의 문을 닫았고, 엉뚱하고 대책 없는 마누라 덕분에 남편도 잘 다니던 S그룹에 사표를 던졌다. 그런 우리를 보고 모두들 미쳤다고 했다.

"갔다 와서 뭐 먹고 살려고 그래?"

"이렇게 안정적인데 그냥 그대로 살지."

"여행 다녀온다고 뭐가 달라질까?"

"그 나이에 뭘 다시 또 시작하려고 해, 여행하다가 입 돌아가!"

하지만 스티브 잡스 형님의 명언이 우리를 응원해 주었다.

'미쳐야 새로운 것을 얻을 수 있다.'

모험을 시도하지 않으면 기회도 없다. 드라마도 없고 가슴 떨 일도 없다. 자신의 한계를 일고는 경계에 서 있으면 현실에 안주하는 사람이 된다. 내 두 발로 경계를 넘어야만 내가 원하는 삶을 살 수 있는 것이다.

나는 일단 뒷수습 고민은 접어 두고 세계를 향해 들이대기로 했다. 한 달간 짧게 계획을 세우고 2012년 3월, 남편과 나는 1년간의 세계 일주를 떠

났다. 다른 숲에서는 무슨 일이 벌어지는지, 다른 사람은 뭐해 먹고 사는지 보기 위해 숲 밖으로 나선 것이다.

살아남은 전통시장의 비밀을 찾아 떠나다

여행의 주제는 세계의 전통시장 탐방이었다. 한국의 전통시장은 여러 가지로 어려움에 직면해 있다. 정부의 노력에도 불구하고 살아나는 시장보다 사라져 가는 시장들이 더 많은 것이 현실이다. 지난 8년 동안 나는 전국 방방곡곡의 전통시장을 돌아다니며 많은 상인들을 만나고 여러 점포에도 가보았다.

한국의 전통시장은 이렇게 힘든 상황을 맞이하고 있는데, 해외 다른 나라의 시장은 어떤지 궁금했다. 한 시장이 백 년을 유지하기도 힘든데, 대체 어떻게 수백 년의 세월을 이기고 현재까지 살아남아 고객들에게 사랑받을 수 있는지 그 비법을 알고 싶었다. 그래서 해외의 다양한 전통시장과 소상공인 가게를 둘러보기로 결심했고, 마흔이 넘은 나이에 배낭 하나 메고 겁도 없이 세계 속으로 뛰어들었다.

1년간 40여 개국 150여 곳의 시장을 방문했고, 오랜 시간 고객에게 사랑받고 있는 여러 시장과 상인들을 만났다. 세월의 광풍에도 살아남은 시장과 상인들에게는 자신만의 확고한 장사 철학이 있었다.

1년간의 세계 일주는 집 나가면 개고생이라는 말을 몸소 체험하게 만들었다. 세르비아에서는 권총 강도를 만나 생명의 위협을 느꼈고 아마존에서는 비행기가 악천후로 불시착하는 아찔함을 경험했다. 벨기에와 브라질에서는 소매치기를 당했다.

이러한 어려움을 극복하고 두 발로 직접 전 세계의 전통시장을 다니며 경험한 여러 사례들과 그 속에서 배운 그들의 장사 철학이 어려움에 직면해 있는 전통시장 상인과 소상공인들에게 조금이나마 도움이 되었으면 한다.

2014년 봄

이 랑 주

Prologue   살아남은 것은 이유가 있다 _4

Chapter **1**   대체 불가능한 시장을 보다 _18
인생은   **영국 런던 버러 마켓**(Borough Market)
속도보다
각도다   성공 계산기를 뺀 사람들이 만든 시장 _26
             폴란드 크라쿠프 중앙시장(Rynek Glowny)

             나만의 각도를 가졌는가 _36
             터키 이스탄불 그랜드 바자르(Grand Bazaar) **& 이집션 바자르**(Egyptian Bazaar)

Chapter **2**   늙어 가도 낡아 가면 안 된다 _48
변하지   **스페인 마드리드 산미구엘 시장**(Mercado de San Miguel)
않으면
변질된다   서점에서 간장을 판다고? _60
             세계의 서점들

             부족함을 함께 채우다 _70
             오스트리아 빈 나슈 마르크트(Naschmarkt)

             아날로그 감성에 편리함을 더하다 _78
             불가리아 소피아 중앙시장(Central Sofia Market Hall)

Chapter 3
**체험하게 하라,
충성할 것이다**

보여 주는 진열에서 체험하는 진열로 _88
뉴욕 소호(SoHo)의 혁신적인 쇼윈도들

독특한 경험을 선물하라 _98
영국 런던 캠든 마켓(Camden Market)

낯선 것을 먼저 본 자가 이긴다 _106
인도 바라나시 & 다즐링

Chapter 4
**이곳에서
놀게 하라**

나는 시장에 놀러 간다 _120
독일 함부르크 어시장(Hamburg Fischmarkt)

365일 축제가 열리는 곳 _130
영국 런던 코벤트 가든(Covent Garden)

신나거나 재밌거나 무섭거나 _140
그리스 플라카(Plaka) 지구의 상점들

Chapter 5
**당신이
팔고 있는 것은
무엇인가**

자연과 생명을 팝니다 _150
핀란드 헬싱키 하카니에미 마켓 홀(Hakaniemi Market Hall)

엄마가 가족에게 주고 싶은 것만 팝니다 _160
핀란드 유기농 슈퍼마켓 안톤 앤 안톤(Anton & Anton)

온기를 팝니다 _166
헝가리 부다페스트 중앙시장(Központi Vásárcsarnok)

Chapter 6

사랑하라,
사랑받을
것이다

내가 가진 상품을 목숨 걸고 사랑하라 _180
스웨덴 스톡홀름 오스터 푸드 홀(Östermalms Saluhall)

상품에 대한 자신감을 눈으로 알게 하라 _190
그리스 아테네 중앙시장(Athens Varvakios Market)

상인들 모두가 제품 전문가 _200
브라질 상파울루 중앙시장(Mercado Municipal)

Chapter 7

파괴의
달인이
되어라

사이즈를 파괴하라 _212
일본 유후인의 타코야키 가게

평범함을 거부하라 _222
호주 시드니, 멜버른의 이색 점포들

쓰임을 파괴하라 _232
체코 프라하의 용도 파괴자들

Chapter 8

세월이
훈장이다

이익보다는 전통을 지킨다 _244
독일 뮌헨 빅투알리엔 마르크(Viktualien Markt)

시장 건물, 문화유산이 되다 _252
호주 멜버른 퀸 빅토리아 마켓(Queen Victoria Market)

명품 시장을 만드는 것은 역사와 정직함 _260
영국 런던 포토벨로 마켓(Portobello Road Market)

Chapter **9**

유일무이한
무언가를
가져라

시장에도 상상력이 필요해 _272
미국 뉴욕 첼시 마켓(Chelsea Market)

시장, 랜드마크가 되다 _280
스페인 바르셀로나 산타 카테리나 시장(Mercat de Santa Caterina)

한 명의 창조자가 도시 하나를 살린다 _290
크로아티아 자다르 바다 오르간(Sea Organ)

Chapter **10**

그의
마음이 될 수
있다면

그의 마음속으로 들어갈 수 있다면 _302
일본 오사카 구로몬(黑門) **시장**

그녀의 쇼핑이 힘들지 않도록 _312
스페인 바르셀로나 보케리아 시장(Mercat de La Boqueria)

과학적 진열의 첫째 조건 _324
뉴질랜드 오클랜드의 슈퍼마켓

불황에도 살아남는 비밀 _334
핀란드 헬싱키 레가타 카페

Epilogue 다시 본질이다 _342
미국 로스앤젤레스 길모어 파머스 마켓(Gilmore Farmers Market)

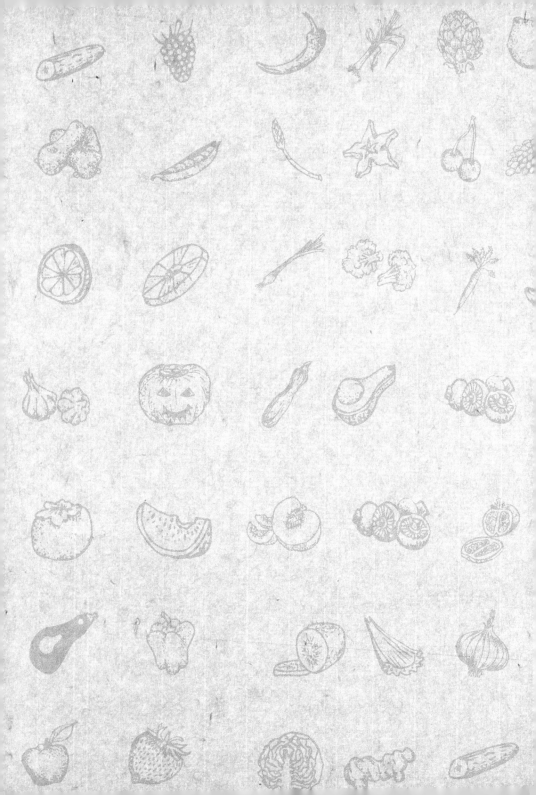

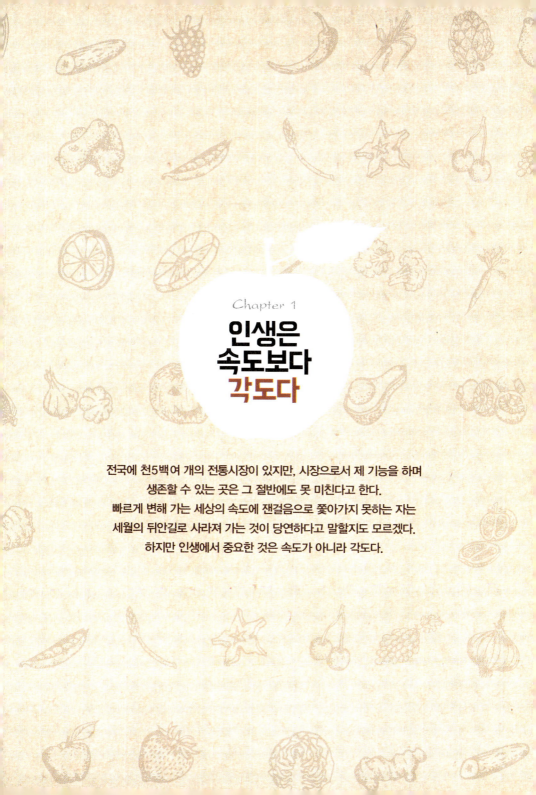

Chapter 1

인생은
속도보다
각도다

전국에 천5백여 개의 전통시장이 있지만, 시장으로서 제 기능을 하며
생존할 수 있는 곳은 그 절반에도 못 미친다고 한다.
빠르게 변해 가는 세상의 속도에 잰걸음으로 쫓아가지 못하는 자는
세월의 뒤안길로 사라져 가는 것이 당연하다고 말할지도 모르겠다.
하지만 인생에서 중요한 것은 속도가 아니라 각도다.

United
Kingdom

London ★

대체 불가능한
시장을 보다

영국 런던 버러 마켓(Borough Market)

●● 　런던 서더크 지역에 위치한 시장으로 런던 브리지와 템스 강을 옆에 두고 있다. 과일, 채소, 해산물, 치즈, 햄, 올리브, 초콜릿 등 주로 먹거리를 판매하며, 주중에는 도매 시장이 열리고 소매 시장은 목요일에서 토요일까지만 이용할 수 있다.

주소 Southwark Street, London, SE1 1TL
(런던 브리지 역 버러 하이 스트리트(Borough High Street) 출구에서 도보 1분)

홈페이지 http://www.boroughmarket.org.uk

영국 런던
버러 마켓 Borough Market

　　유럽의 시장을 다니며 안타깝다고 느꼈던 점은 시장의 수가 급격히 줄어들어 주말에만 혹은 요일을 정해서 여는 시장이 대부분이라는 것이었다. 하지만 스페인과 영국의 경우는 이야기가 좀 달랐다.

　그곳의 상인들에게 가장 많이 들었던 말은 "우리는 물건을 파는 것이 아닙니다"였다. 자신들이 파는 것은 물건이 아니라 시장에서만 할 수 있는 독특한 경험이라고 그들은 말했다. 뿐만 아니라 "앞으로 대형 마트는 인터넷 쇼핑으로 대체될 것이고, 전통시장이 먹고 즐기고 사람들과 만나는 경험을 살 수 있는 커뮤니티 중심지로 살아남을 것"이라고 했다.

영국인들의 건강을 책임지는 시장

　런던에서 가장 오래된 시장이면서 런던 시민들의 건강을 책임지고 있는 시장이 있다. 바로 1276년 문을 연 버러 마켓이다. 세계에서 가장 큰 식재료 시장으로 영국 각지에서 최고 품질의 식재료가 판매되는 곳이다.

　주말이면 런던 시민들은 자연산 버섯에서부터 판매자가 직접 재배하고 기른 신선한 야채와 과일, 육류와 해산물, 수제 초콜릿 등 생활에 필요한 모든 먹거리를 구하기 위해 이곳으로 모여든다. 시장에 들어서니 이른 아침부터 동네 주민과 여행자들이 뒤섞여 이미 북새통이었다.

　이 시장이 왜 이렇게 인기인지 이곳에 처음 와본 나도 그 이유를 한눈에

● ● 치마를 펼친 듯한 토마토 가게의 독특한 진열. 직접 재배한 농산물을 직거래하는
버러 마켓에서는 세계 최고 품질의 식재료를 만날 수 있다.

알 수 있었다. 안전하고 믿을 수 있는, 신선한 먹거리를 팔기 때문이다.

통나무 위에 소담스럽게 올라앉은 물기 머금은 버섯, 둥근 매대 위에 플레어스커트를 펼친 듯 화려하게 진열된 토마토, 탐스러운 빛깔의 브로콜리와 피망, 잘 익은 호박 등 밭에서 금방 따온 것 같은 과일과 야채는 어떠한 연출이나 장치 없이도 자체발광 중이었다. 살아서 여전히 펄떡거릴 것 같은 은색 배스와 게, 참치 등의 생선과 선홍색 빛깔만으로도 군침 돌게 하는 육류, 소시지, 치즈 등 세계 최고의 식재료로 버러 마켓은 손님을 맞이하고 있었다.

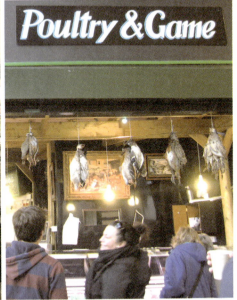

●● 버러 마켓은 가게들마다 주인이 직접 재배하고 채취, 사냥한 것임을 알려 주는 사진이 걸려 있다.

한 치즈 가게 앞에 재미있는 입간판이 서 있었다.

'제가 어떻게 여기까지 왔을까요?'

그리고 그 아래에는 치즈가 어디서 어떻게 만들어져 여기까지 왔는지 그 유통 경로가 상세히 설명되어 있었다. 손으로 직접 그린 그림까지 덧붙여 쉽게 이해되었을 뿐 아니라 훨씬 친근하게 다가왔다.

가리비를 파는 가게에는 사장님이 직접 잠수복을 입고 보트를 끌고 가리비를 잡으러 가는 사진이 걸려 있어 손수 채취한 것임을 알 수 있었고, 사슴 고기를 파는 가게에는 주인아저씨가 총을 들고 사냥감을 겨냥하고 있는 사진이 걸려 있었다. 마찬가지로 과일 가게에는 사과 따는 사진이, 빵 가게는 빵 만드는 사진이 걸려 있었다.

이 시장에서 고객들이 사는 것은 물건만이 아니었다. 생산자와 원산지에 대한 신뢰를 함께 사는 것이다. 전국 최대의 농산물 시장인 서울 가락시장이나 부산 감전동 새벽 시장에도 농산물을 재배하는 농민의 모습이나 과일을 따는 할머니의 미소가 담긴 사진을 부착한다면, 시장에서 판매하는 상품에 대해 고객들이 더 신뢰감을 갖게 되지 않을까. 별것 아닌 것 같아도 이런 소소한 사진들이 시장과 고객들 간에 끈끈한 유대를 형성해 준다.

상인의 요리 책

버러 마켓에서는 각종 농·축·수산물과 그 요리법에 관한 정보 교환도 활발하게 이루어지고 있었다. 이 점이 바로 버러 마켓이 다른 직거래 시장과 구별되는 점이기도 하다. 생산자들은 식재료를 사러 온 소비자들에게 보관 방법이나 조리법 등을 몸소 알려 준다.

수십 년간 버섯을 팔아 온 아주머니만큼 버섯을 가장 맛있게 요리할 수 있는 방법을 잘 아는 사람이 있을까? 그렇게 자신이 직접 채취해서 파는 버섯을 맛있게 요리해 먹는 방법을 알려 주기 위해 시작된 것이 시간이 지나면서 특별 요리, 계절 음식, 간편식 등으로 그 범위가 넓어지게 되었다.

처음에는 입으로 전하던 것을, 나중에는 종이에 적어 복사해 주었고, 세월이 흐르면서 그것들을 모아 책으로 내게 되었다. 《버러 마켓 요리 책 Borough Market Cookbook》은 특히 제철에 먹어야 할 음식들이 잘 소개되어 있어 시장을 찾는 고객들에게 인기만점이었다. 이 요리 책의 가격은 19달러이며 서점에서도 살 수 있다.

시장에서 나오는 요리 책이 있다니 정말 멋지지 않은가. 우리나라 시장도 '상인의 밥상'이라는 제목으로 책을 내보는 것은 어떨까. 30년 동안 시금치를 팔아 온 할머니는 시금치 맛있게 데치는 방법을 누구보다 잘 알 것이다. 각 식재료를 파는 상인들이 알고 있는 요리 노하우를 모아 시장별로 레시피북이 나온다면, 나부터 당장 받으러 갈 것이다. 또 계절별로 꼭 챙겨 먹어야 할 생선들과 그 요리법을 담은 책이 시장에서 나온다면 젊은 주부들에게 사랑받지 않을까.

시장이 나아가야 할 방향은 어디인가

버러 마켓은 이른 아침부터 장이 서기 때문에 아침 대용으로 먹을 수 있는 커피와 베이커리 등 간단한 먹거리를 파는 곳이 많다. 살아 숨 쉬는 식재료들과 재미있는 원산지 표시 사진들을 보느라 배고픈 줄 모르고 몇 시간을 돌아다녔더니 허기가 졌다. 마켓 뒷문 쪽에 위치한 '몬머스monmouth

커피'에 들렀다.

이곳은 영국인들이 가장 사랑하는 커피 집이다. 자체 계약한 농가에서 신선한 원두를 공급받아 만들기 때문에 커피 향이 진하고 맛도 좋다. 게다가 가격까지 저렴해서 줄 서서 기다리는 것을 감수해야 마실 수 있다.

비주얼 머천다이저의 눈으로 보면 몬머스 커피는 쇼를 하는 카페다. 말끔하게 하얀 셔츠를 차려입은 젊은이들이 창가에 서서 팔을 높이 올렸다 내렸다 하며 커피 내리는 과정을 쇼처럼 연출해 고객의 시선을 끈다. 좋은 원두에 착한 가격 그리고 볼거리까지 있으니 손님이 많은 것은 어쩌면 당연한 일인지도 모르겠다.

이곳에 앉아 커피를 마시며 생각했다. 단순 판매 기능만을 가진 대체 가능한 시장이 될 것인가? 스토리와 재미, 경험을 공유하는 대체 불가능한 시장이 될 것인가? 버러 마켓은 내게 그 답을 알려 주었다.

그들은 앞으로 전통시장이 나아가야 할 방향을 정확히 알고 있었다. 단순히 물건을 파는 것에 열중하기보다는 고객들이 시장에 와서 느끼는 감정, 이곳에서 접하는 경험에 집중하는 영국 상인들의 마인드를 보며 어떤 마케팅 전문가보다 한 수 위라는 생각을 했다.

그리고 이러한 생각을 가진 상인들이 있기에 영국의 전통시장들이 아직도 대체 불가능한 장소로 시민들에게 사랑받고 있는 것이 아닐까? 2주간 런던에 머물며 매일 시장을 찾았는데도 다 눌러보지 못할 만큼, 나양한 시장이 존재했다.

이제는 세상의 속도가 아닌 전통시장만의 각도가 필요한 시점이다.

Poland
krakow

성공 계산기를 뺀
사람들이 만든 시장

폴란드 크라쿠프 중앙시장(Renek Glowny)

●● 　폴란드 현지에서는 '리넥'이라 불리는, 크라쿠프 광장의 한복판에 위치한
시장. 폴란드의 셰익스피어로 불리는 민족 시인 아담 미츠키에비치의 동상 뒤편에
옛 직물회관인 '수키엔니체'가 있고, 그 주변으로, 노점들이 늘어서 시장을 형성하고
있다.

가는 길 크라쿠프 중앙역에 내려서 구시가지 방향으로 도보 10분

폴란드
크라쿠프 중앙시장 Renek Glowny

체코 프라하에 머물고 있을 때였다. 다음 여행지를 어디로 할까 고민하고 있는데 숙소에서 만난 한 친구가 그렇게 전통시장에 관심이 많으면 폴란드에 5백 년 된 전통시장이 있으니 한번 가보라고 했다.

"5백 년 된 전통시장이 있다고?"

백 년 이상 된 전통시장은 가봤어도 5백 년 된 시장은 처음이었다. 어떻게 하면 5백 년이란 세월 동안 시장의 명맥을 이어 오고, 고객들에게 사랑받을 수 있을까. 너무나도 궁금해진 나는 그날 밤 바로 폴란드 크라쿠프행 야간 기차에 몸을 실었다.

유럽에서 가장 오래된 전통시장

시장에 들어서기도 전에 나는 엄청난 규모의 광장과 아름다운 건축물에 입을 다물지 못했다. 크라쿠프 광장은 가로 세로 2백 미터의 정사각형으로, 베니스 산마르코 광장 다음으로 유럽 최대 규모를 자랑한다. 크라쿠프의 사교장으로서의 역할을 했던 곳이기도 하다. 구시가지의 중앙에 위치하고 있으며 총면적 4만 제곱미터의 광장 주위에는 옛 크라쿠프 귀족들의 화려한 저택이 줄지어 있다.

영화 〈쉰들러 리스트〉의 배경이 되기도 했던 크라쿠프는 6백여 년 동안 폴란드의 수도였다. 폴란드에서 유일하게 중세 시대의 모습을 잘 간직하고

● ● ● 시장 건물 1층에는 각종 수공예품과 보석,
기념품 가게들이 늘어서 있고, 건물 앞은 광장형 시장이 성업 중이다.

있다. 1978년에는 유네스코가 지정하는 세계 12대 유적지로 선정되어 세계문화유산으로 등록되었다.

크라쿠프 중앙시장은 유럽에서 가장 오래되고, 가장 넓은 전통시장이다. 1500년대 처음 조성된 뒤 1555년 큰 불로 모두 소실됐으나, 그 직후 이탈리아 건축가들이 르네상스 양식으로 중건했고, 19세기 중엽 제건축 과정을 거쳐 현재에 이르고 있다.

가로로 길게 누운 시장 건물 1층에는 폴란드 전통 수공예품과 예술품, 보석, 기념품 가게들이 모여 있는데, 보석 중에서도 호박琥珀으로 만든 제품이 중앙시장의 대표 상품이라고 한다. 한편 가게들이 늘어선 1층과 달리 2층은 미술관으로 주로 19세기 폴란드의 회화와 조각 작품들이 전시 중이었다. 시장과 박물관이 공존하는, 특이한 공간인 것이다.

하지만 내 관심을 끌었던 곳은 건물 안 점포들이 아니라 건물 밖 5, 60개의 노점들이 형성하고 있는 생기 넘치는 광장형 시장이었다. 간판이며 점포 모양이며 집기, 소도구까지 똑같은 얼굴을 한 매장이 한 군데도 없었다. 특색 있는 각각의 매장들이 서로 조화롭게 어우러져 한 폭의 멋진 그림을 이루고 있었다.

도시형 장인들의 숨결이 살아 있는 곳

가게를 한 곳씩 찾아 들어갔는데 파는 물건들을 살펴보고 더욱 놀랐다. 그곳에는 세상 어디에서도 살 수 없는, 도시형 장인들이 손수 만든 물건들이 가득했다.

백발의 할머니가 한 올 한 올 세월을 엮어 만든 레이스 공예품을 팔고 있었는데, 한 남성이 와서 가격을 물었다. 그러자 할머니는 웃으며 "주고 싶은 대로 줘" 하셨다. 제품마다 가격이 적혀 있기는 했지만, 그 한마디에서 나이가 주는 여유와 연륜이 묻어났다. 그 옆으로는 자신이 직접 만든 자수 블라우스를 입고서 정성껏 수를 놓고 있는 아주머니의 자태가 사뭇 아름다웠다. 그 모습에서 이 시장이 무엇을 팔고자 하는지, 이 시장의 철학을 알 수 있었다.

현장에서 직접 물레를 돌리며 아이들에게 도자기 만드는 과정을 설명해주는 아저씨, 엄청 두꺼운 돋보기를 쓰고 나무 조각에 몰두하시는 할아버지의 모습에서 도시형 장인의 숨결을 생생하게 느낄 수 있었다.

공예품만 그런 것이 아니었다. 집에서 만든 치즈, 산속에서 딴 꿀을 예쁜 통에 담아 자신의 이름을 붙인 홈메이드 벌꿀 등 거의 모든 물건이 오직 이곳에서만 구할 수 있는 것들이었다.

이 시장에 나이 지긋한 어르신만 있을 거라고 생각한다면 그것은 오산이다. 마부 복장을 하고서 마차에 빵을 진열해 놓고 파는 상인은 30세도 되지 않았고, 홈페이지를 운영하며 초코라떼를 비롯해 초콜릿 컵, 티셔츠 같은 기념품을 파는 상인도 새파란 젊은이였다. 베테랑 장인들과 젊은 장인들이 한데 어우러진 모습이 너무나 부럽고 아름다웠다.

주말이면 엄마와 함께 시장에 나와 전통 접시에 예쁜 그림을 새겨 넣는 딸들의 모습은 그들이 전통을 얼마나 소중히 대하는지 알려 주는 듯했다. 사진기를 들이대니 도자기에 그림을 그리던 두 소녀가 수줍게 웃었다. 신구新舊가 자연스러운 조화를 이루며 역사와 전통을 이어 가고 있는 사람들이야말로 이 시장을 아름답게 만드는 힘임을 느낄 수 있었다.

마트나 슈퍼, 어디에서나 쉽게 살 수 있는 물건만 판다면 편의시설이나 서비스 측면에서 경쟁력을 갖지 못한 전통시장이 살아남을 수 있을까? 그런 전통시장은 매력적이지도 않을뿐더러 고객이 굳이 찾아가야 할 이유도 없을 것이다.

그런 점에서 크라쿠프 시장의 경쟁력은 특별했다. 크라쿠프 시장은 긴물 내부 상점에는 기성품이, 광장에는 도시형 장인들이 만든 세상에 하나밖에 없는 제품이 포진해 있다. 고객의 입장에서 보면 다양한 제품을 한곳에서 살 수 있으니 이곳을 찾지 않을 이유가 없는 것이다.

⊛ CENNIK ⊛
-chleb ze smalcem 5
-sucha kroma   4
-ćwierć chleba   6

● ● 크라쿠프 시장에 가면 신구가 조화를 이루며 전통을 이어 가는 도시형 장인들의 숨결을 느낄 수 있다.

그곳에 가야만 살 수 있는 물건이 있어야 고객의 발길을 돌릴 수 있다. 그렇게 되기 위해서는 지금이라도 도시형 장인들을 발굴하고 정책적으로 육성하려는 노력을 기울여야 할 것이다.

지금의 성공을 계산하지 마라

크라쿠프 시장을 나서며 5백 년간 사랑받는 시장을 만들기 위해 무엇을 해야 하는지 생각했다. 세월을 이기려면 평범함을 거부하는 개성과 시대에 뒤처지지 않는 감각으로 무장하는 길밖에 없다. 하지만 그것보다 더 중요한 것이 있다.

크라쿠프 시장의 상인들도 유행에 뒤처진, 세련되지 않은 수공예품을 퇴출시키고 반짝반짝 빛나는 제품들로 시장을 가득 채울 수 있었을 것이다. 또 당장 매출을 올려 줄 유행 상품이나 외국의 값싼 노동력으로 만든 싸구려 제품으로 점포를 꾸릴 수도 있었을 것이다. 하지만 그들은 당장의 성공을 계산하기보다는 세상에서 하나밖에 없는 수공예품으로 시장 광장을 가득 채웠다.

지금의 성공을 계산하지 않았기 때문에 그들은 5백 년 뒤를 볼 수 있었던 것이 아닐까. 도시형 장인들이 포진해 있는 크라쿠프 시장을 보며 나는 우리나라의 전통시장도 세상에서 하나밖에 없는 제품들로 오랫동안 사랑받고 전통을 이어 갈 수 있기를 간절히 바랐다.

그런데 그것은 우리 인생도 마찬가지가 아닐까 한다. 내 강연을 들은 한 학생이 물었다.

"빨리 성공하고 싶은데 어떻게 하면 선생님처럼 유명한 VMD가 될 수 있나요?"

사실 나는 유명한 사람도, 그렇게 대단한 사람도 아니다. 단지 언론에 그렇게 비춰질 뿐이다. 내 생각에 그 학생의 성공을 막는 두 가지는 '빨리'와 '유명한'이다.

나는 이 일을 하며 한 번도 내가 유명해질 거라고 생각하지 못했다. 20년 전에는 정말 먹고살기가 막막해 죽을힘을 다해서 일했고, 전통시장에 가서는 일이 재미있고 또 누군가에게 도움이 된다는 생각에 즐거워서 일을 했다. 그렇게 20년을 하다 보니 어느 순간 이렇게 된 것이다.

도서관에서 기적을 만난 김병완 작가는 말한다.

"힘을 빼면 더 빨라지고 더 강해진다."

욕심과 집착 그리고 어떤 의도를 버리고 순수하게 도서관에 무임승차할 때 기적을 만날 수 있다는 것이다. 그는 도서관에 오는 이들이 가장 많이 그리고 자주 저지르는 최악의 실수는 바로 무엇인가가 되기 위해, 혹은 무엇인가를 얻기 위해 도서관을 '수단'으로 이용하는 것이라고 말한다.

성공이나 유명세는 자신이 하는 일에 욕심과 집착, 의도를 버리고 순수하게 임할 때 얻게 되는 하나의 결과일 뿐이다. 그 자체가 목적이 된다면 더 느리게, 더 어렵게 얻어질 것이다. 좋아하는 일에 계산기 들이대지 말고 '그냥' 했으면 좋겠다. 그리고 미치도록 즐겼으면 좋겠다.

경쟁하지 말고, 싸우지 말고, 타인과 비교하지 말고 자신이 좋아하는 일을 하다 보면, 1만 시간이 지난 후 세상은 당신에게 합당한 대우를 해줄 것이다. 그리고 세상은 당신으로 인해 위로받고 용기 얻고 감동할 것이다.

적당한 제품을 만들어서 적당히 팔려고 생각하지 말자. 적당한 제품은 시장에서 적당한 취급을 당하게 마련이다. 세상 사람들에게 감동을 주는 제품을 만들고 싶다면 성공 계산기부터 손에서 내려놓아야 한다. 계산하지 않고 오늘도 묵묵히 행복하게 뜨개질을 하고 있을 크라쿠프 시장의 할머니처럼 말이다.

Istanbul
Turkey

나만의 각도를
가졌는가

터키 이스탄불 그랜드 바자르(Grand Bazaar)
& 이집션 바자르(Egyptian Bazaar)

● ● 　　18개의 출입구와 4천 개 이상의 상점들이 들어서 있는 그랜드 바자르는 세계 최초로 지붕을 덮은 시장이다. 1400년대에 술탄 메흐메드 2세가 만들었으며, 오스만 제국 시대부터 상업의 중심지 역할을 해왔다. 반면 이집션 바자르는 서민적이고 소박한 분위기를 가진 시장이다. 1663년 술탄 투르한이 건축가였던 무스타파 아아에게 명하여 지어졌다.

그랜드 바자르
주소 42 Sultanahmet, 34010 Istanbul
홈페이지 http://www.grandbazaarturkey.com

이집션 바자르
주소 Rusten paşa Mh, 34116 Istanbul

터키 이스탄불
그랜드 바자르 & 이집션 바자르 Grand Bazaar & Egyptian Bazaar

하나의 나라에서 찾아보기 힘든 다양한 볼거리를 가지고 있는 터키는 그 매력에 빠지지 않고는 배길 수 없는 곳이었다. 내가 만난 터키인들은 한국에서 왔다고 하면 먼저 말 걸고 챙기며 호의를 베풀어 주었다. 관광버스 안에도, 자가용 안에도, 상점 한편에도 가족사진을 붙여 놓는 그들의 가족 사랑은 남달라 보였다. 우리와 닮은 모습이 많아서 정말 형제의 나라처럼 느껴졌다.

에페소, 파묵칼레, 카파토키아를 거쳐 이스탄불에 도착했다. 터키의 수도 이스탄불은 '인류 문명의 야외 박물관'이라 불린다. 그 이유는 어느 곳에 가더라도 페르시아, 헬마, 비잔틴, 셀주크, 오스만 제국에 이르는 각양각색의 동서양을 아우르는 찬란한 문화유산을 볼 수 있기 때문이다. 동서양이 조화된 아름다운 문화는 박물관뿐만 아니라 시장에서도 찾아볼 수 있었다.

똑같은 물건은 있어도 똑같은 진열은 없다

이스탄불의 그랜드 바자르는 세계에서도 둘째가라면 서러워할 규모를 가진 시장이다. 시장에 들어서면 화려한 돔 형식의 지붕에 푸른색 타일과 장식들이 아치 모양을 그리면서 아름답게 장식되어 있다. 아치 형태의 돔은 이슬람 모스크를 닮아 있고, 정교한 조각상들은 유럽 스타일을 닮은 듯

● ● 그랜드 바자르의 전통 공예품 가게.
화려하고 아름다운 색감의 도자기들이 천장 아래까지 진열되어 있다.

했다. 미로처럼 이어진 바닥은 대리석으로 포장되어 있어 걸으며 쇼핑을 즐기기에 좋았다.

각각의 매장들은 고객의 시선을 끌기 위해 진열에 열을 올리고 있었다. 액세서리 가게들은 컬러 톤이 비슷한 유색 보석끼리 진열함으로써 색상의 파워를 강하게 만들었다. 스카프 매장은 천장 아래까지 상품을 진열해 널리서도 스카프를 판다는 것을 알 수 있게 했다. 카펫, 조명, 도자기, 전통 모자, 의류 등 각기 상품의 특성을 살리면서도 시장의 분위기와 잘 조화를 이루도록 진열이 이루어져 있었다.

● ● ● 이집션 바자르의 향신료와 로쿰 진열 모습. 각 매장마다 똑같은 진열을 한 곳이 하나도 없다.

그랜드 바자르는 시장의 형태부터 진열까지 시장 자체가 하나의 관광 상품이라는 인상을 강하게 풍겼다. 각종 보석과 카펫, 가죽 제품, 수공예품, 이슬람 문양을 담은 각종 사기그릇 등 이 시장에 없는 것도 있을까 하는 생각이 들 정도였다.

그랜드 바자르에서 조금만 걸어가면 이집션 바자르를 만날 수 있다. 예전의 이름은 스파이스 바자르Spice Bazaar였는데, 이집트에서 들어온 물건들을 팔기 시작하면서부터 이름이 바뀌었다. 시장 입구에서부터 코를 찌르는 강력한 냄새가 이곳이 원래 향신료를 파는 시장이었음을 단번에 알려 준다. 시장 안쪽으로 들어가면 터키의 젤리에 해당하는 '로쿰'의 달짝지근한 냄새가 향긋하게 퍼지며 식욕을 자극한다.

이 시장은 각 매장마다 독창적인 진열법에 각종 소도구를 활용하고 있어 똑같은 진열을 한 곳이 하나도 없었다. 이슬람 사원의 형태를 닮은 매장은 부드러운 곡선을 이용하여 지붕을 만들고 그 아래에는 정교하고 화려한 문양을 새겨 넣었다. 지붕 아래 천장에는 붉은색과 금박으로 장식을 해 고급스러움을 더했다. 향신료를 담은 황금색 용기를 진열대 곳곳에 놓아 언제든지 손님들이 맛볼 수 있게 했다.

바로 옆 가게는 그 화려함에 뒤질세라 전통적인 것으로 승부를 걸었다. 나이테가 살아 있는 오래된 나무로 매장을 만들고 진열장도 장식했다. 제품을 터키 전통 항아리에 소복이 담아 진열장 위에 올려놓으니 한눈에도 고풍스럽게 느껴졌다.

좀 더 현대적인 느낌을 주는 매장도 있었다. 투명 아크릴로 매대를 만들어 멀리서도 향신료의 색상을 선명하게 알아볼 수 있게 했다. 제품을 알리는 POP ^{point of purchase, 포스터나 상품 안내판}의 색상은 붉고 노란 향신료와 잘 어울리는 흰색으로 통일했다. 하지만 심심하지 않게 꽂는 방향을 사선으로 살짝 비틀어 재미를 더했다.

매장마다 각기 다른 콘셉트와 디자인을 자랑하며 자신만의 진열로 승부를 걸고 있어, 진열 방법을 비교하면서 구경하는 재미가 있었다. 로쿰 가게마다 작은 그릇에 달달한 로쿰 한 조각을 담아 내놓는 바람에, 시식만 하면서 돌아다녀도 입안이 얼얼할 정도로 달았다.

550년의 전통을 가진 그랜드 바자르와 350년이 넘게 사랑받아 온 이집션 바자르는 터키에서 빼놓을 수 없는 또 하나의 보물이다. 똑같은 물건을 팔아도 어느 하나 똑같은 점포가 없었다. 옆 가게와 조금 다르게, 옆 가게보다 조금 더 멋있게 만들려 한 것이 시장 전체의 발전을 이끈 것이 아닐까?

과연 나의 가치는 얼마인가?

그랜드 바자르처럼 5백 년 이상 사랑받으며 자신의 가치를 유지할 수 있는 비결은 무엇일까? 물론 사람의 가치를 가격으로 매기기는 어렵다. 그런데 시장에는 분명히 가격이 존재한다. 공사판에도 7만 원 일용직 근로자가 있고 10만 원 기술공이 있고 20만 원 대우받는 전문가가 있지 않은가. 시급 5천 원을 받는 사람이 있고 1시간 강의료를 5백만 원 이상 받는 사람도 있다. 똑같이 하루 24시간을 살아 내고 있는데 왜 하루의 몸값이 다른 것일까?

2011년은 '나'라는 사람의 가치에 대한 많은 질문을 던졌던 한 해였다. 전문대를 다닐 때는 부족한 그림 실력 때문에 늘 밤새워 공부해야 했고, 졸

업하고 야간 대학교에 들어가선 주경야독으로 늘 피곤에 절어 살았다. 어느 정도 살 만해지자 세상은 나에게 더 높은 학벌을 요구했다. 나이 서른에 대학원에 들어갔고, 서른일곱에 박사 학위를 받았다. 많은 자기 계발서들이 시키는 대로 목숨 걸고 일했다.

하지만 세상은 나에게 터무니없이 낮은 가치를 부여했다. 자존심이 상하고 억울했다. '골목길을 돌아서면 어떤 기회가 너를 기다리고 있을지 아무도 모른다'고 했는데 아무리 골목을 지나도 어떤 기회도 찾아오지 않았다. 세상은 이미 그 골목을 지나온 사람들로 넘쳐 났고, 그 이야기에는 아무도 더 이상 흥미를 가지지 않았다. 닳고 닳아 매력을 잃은 그 길이 기회의 황금 골목인 양 앞만 보고 달린 마지막 주자가 바로 나였다.

내 나이 마흔. 골목을 바꾸어야 한다는 신호가 왔다. 바로 자존심에 상처를 입는 순간이다. 먼 훗날 이 골목길에서 울던 일이 추억이 되려면 어서 되돌아 나와야 한다. 아니, 샛길로 살짝 빠져 보는 것도 좋을 것이다. 남들이 가지 않은 길을 찾아내는 것이 급선무다. 위험해 보이고 막다른 골목이 기다리고 있을 것 같아도, 휴지 조각 흩날리는 골목을 따라가는 것보다는 이게 더 빠를지 모른다.

때론 웅덩이에 빠져 하늘만 쳐다보며 눈물 흘릴지 모른다. 너무나 절박해 마른 침조차 넘기지 못할 정도로 목이 탈 때도 있을 것이다. 그러면 넘어진 김에 앉아서 잠시 쉬어 가면 된다. 나처럼 남들이 다 가는 길을 버리고 샛길로 빠진, 그 웅덩이 앞으로 다가오는 친구들이 어디든 있게 마련이다.

인생은 우리가 생각하는 것만큼 그렇게 짧지 않다. 골목을 바꾸는 데 늦은 때란 없다. 세세 일주를 하면서 느낀 것은 세계 일주를 하는 사람이 정말 많다는 것이었다. 다른 사람들이 보기엔 '미친 사람'들이었지만, 우리는 비슷한 골목에서 만나 서로를 응원하는 조력자가 되었다.

인생은 속도가 아니라 각도다. 나의 가치를 올리고 오랫동안 살아남는 방법은 남들이 생각지도 못한 나의 각도를 갖는 것이다.

어릴 적 엄마는 하굣길에 엉뚱한 길로 새지 말고 바로 집으로 오라고 했다. 난 그랬다. 만화방에도, 오락실에도 가지 않았다. 하지만 열심히 오락을 한 친구는 게임 프로그램을 개발해 재벌이 되었고, 만화방에서 살던 친구는 유명한 만화가가 되었다.

인생은 선택의 연속이다. 하지만 그 선택은 아무도 대신해 줄 수 없다. 더 좋은 길을 선택할 수 있는 힘은 깊이 있는 사고, 형식을 파괴해 본 경험에서 온다.

선택했다면 이제 무섭게 집중해야 한다. 일탈을 두려워하지 말자. 남들보다 얼마나 더 빨리 가느냐가 아니라 남이 생각지도 못한 새로운 '각도'를 만드는 것이 중요하다. 이스탄불 바자르의 상점들처럼.

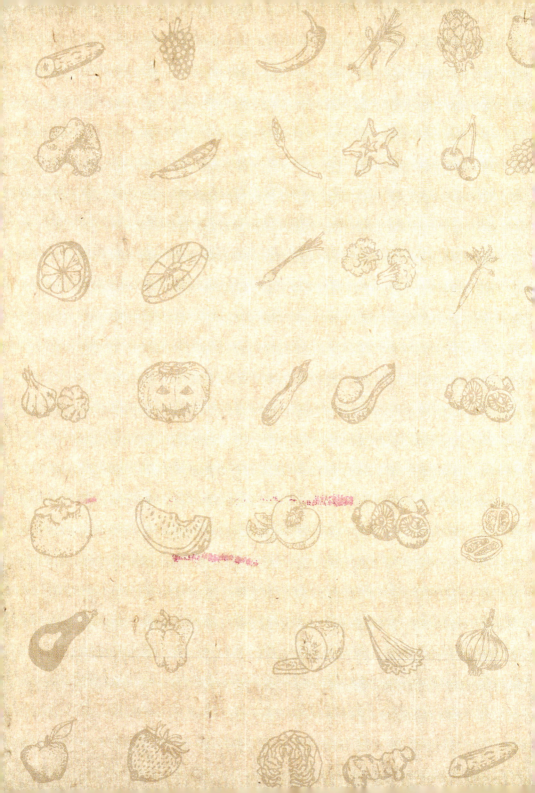

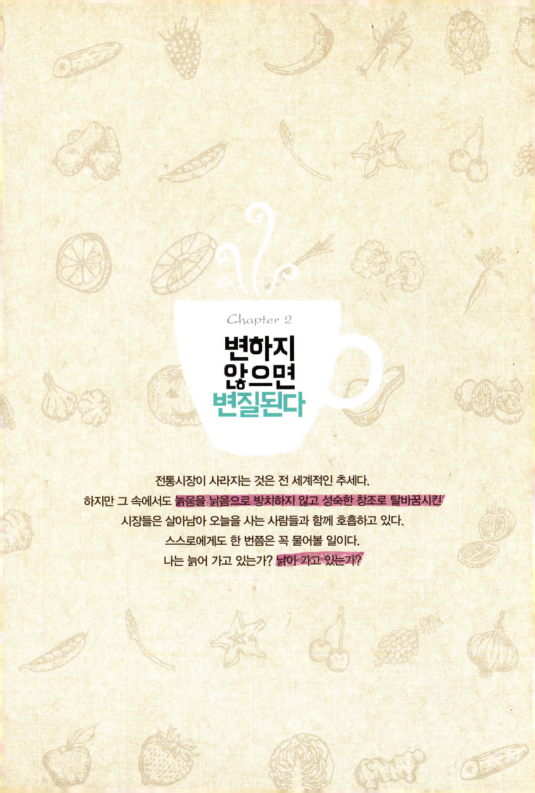

Chapter 2

변하지 않으면 변질된다

전통시장이 사라지는 것은 전 세계적인 추세다.
하지만 그 속에서도 낡음을 낡음으로 방치하지 않고 성숙한 창조로 탈바꿈시킨
시장들은 살아남아 오늘을 사는 사람들과 함께 호흡하고 있다.
스스로에게도 한 번쯤은 꼭 물어볼 일이다.
나는 늙어 가고 있는가? 낡아 가고 있는가?

Madrid
★
Spain

늙어 가도
낡아 가면 안 된다

스페인 마드리드 산 미구엘 시장(Mercado de San Miguel)

●● 　　마드리드를 대표하는 시장으로 백 년에 가까운 역사를 자랑한다. 마드리드 광장 동쪽에 위치하며, 토~화요일은 아침 10시부터 자정까지, 수~금요일은 아침 10시부터 다음 날 새벽 2시까지 영업한다. 신선한 과일과 채소, 하몬, 치즈 등 다양한 식재료를 판매한다. 백화점의 푸드코트처럼 깔끔한 분위기에 간단한 식사나 음주를 즐길 수 있는 바(bar)가 많이 있다.

주소 Plaza San Miguel, 28005 Madrid
홈페이지 http://www.mercadodesanmiguel.es

스페인 마드리드
산 미구엘 시장 Mercado de San Miguel

      스페인에서 유명한 3대 시장을 꼽으라면 바르셀로나의 보케리아 시장, 발렌시아의 중앙시장 그리고 마드리드의 산 미구엘 시장이다. 마드리드는 가장 스페인다운 옛 건축물과 문화를 엿볼 수 있는 스페인의 심장이다. 전형적인 스페인 풍의 아름다운 건물들을 구경하며 느긋하게 걷다 보면 사방이 모두 옛 건물로 둘러싸인 마요르 광장을 만나게 된다. 그리고 광장 아래쪽으로 조금만 빠져나오면 붉은빛의 녹슨 지붕이 통유리로 둘러싸인 독특한 건물을 만나게 된다. 마치 카페나 고급 레스토랑 같은 이 아름다운 건물이 바로 마드리드의 명물 산 미구엘 시장이다.

전통과 현대의 조화

    이곳에 가면 철과 유리의 이상적인 만남을 볼 수 있다. 전혀 어울리지 않는 두 소재가 처음부터 하나였던 것처럼 조화롭게 공존하고 있다. 백 년 전에 지어져 낡고 녹슨 철골 구조물의 지붕과 기둥을 그대로 살리면서 유리로 시장 전체를 감쌌다. 보기만 해도 감탄이 절로 나온다. 한국 전통시장의 특색 없는 아케이드 지붕과 천편일률적인 간판과는 비교도 할 수 없는 리모델링이다.

    전통적인 것을 살리면서 현대적인 감각을 잃지 않는 균형미는 소비자들이 먼저 알아차리는 모양이다. 산 미구엘 시장은 마드리드 시민이 가장 사

●● 낡고 녹슨 철골 구조물을 그대로 살리면서
유리로 시장 전체를 감싸 현대화한 산 미구엘 시장 내부 모습.

랑하는 시장으로 자정까지 손님들의 발길이 끊이질 않는다.

1916년 처음 문을 연 이 시장은, 과일과 채소류를 팔던 작은 전통시장에서 4년 전 시설을 현대화한 뒤 문화와 관광이 더해지며 국가의 관광 중심지로 우뚝 섰다. 냉난방 시설을 보강하고 외벽에 유리창을 설치함으로써 더위와 추위를 피할 수 있게 되면서 관광객의 발길이 잦아진 것이다. 스페인의 다양한 먹거리와 식음료, 기념품 등 작지만 꼭 필요한 것들이 알차게 구성되어 있는 곳이다.

유리문을 열고 시장 안으로 들어서니 믿을 수 없을 만큼 깔끔하게 정리된 과일 매장이 제일 먼저 눈에 들어왔다. 스페인 전통 음식인 하몬 매장부터 생선 가게, 치즈 가게, 빵집, 와인 매장 등이 양쪽으로 늘어서 있다. 하나같이 독창적인 패키지와 디자인으로 무장했다. 물론 깔끔한 진열은 기본이다.

한국의 전통시장을 통유리로 감싸서 안이 훤히 들여다보이게 만든다고 하면 과연 몇 명이나 찬성할까? 지저분한 물건과 잡동사니를 어디에 감출 것인지에 대해 대토론회가 벌어질지도 모른다.

1유로 맛보고 백 유로 쓴다

산 미구엘 시장이 이렇게 많은 사람에게 사랑받는 이유는 무엇일까? 상점을 하나하나 찬찬히 둘러보니 진열 방법이 독특했다. 모든 식재료를 1유로에 파는 '한입 음식'들이 주류를 이루고 있었다. 관광객들은 다양한 스페인 음식을 맛보고 싶어 한다. 그러나 한 접시만 먹어도 배가 부르니 무엇을 먹어야 할지 결정하기가 힘들다.

그러한 소비자의 심리를 정확하게 파악해, 연어를 파는 매장은 올리브를 연어로 감싸고 이쑤시개를 꽂아 한입에 쏙 들어가도록 만들어 한 개씩 팔고 있었다. 하몬도 소시지도 베이컨도 모든 매장이 1유로에 먹을 수 있는 한입 음식을 먹음직스럽게 만들어 진열하고 있었다. 10유로만 있으면 열 가지 음식을 맛볼 수 있는 것이다. 그런데 1유로 소포장 음식을 파는 곳에는 각종 크기의 선물용 상품들도 함께 진열되어 있었다. 단돈 1유로를 내고 일단 맛보게 한 다음 백 유로를 쓰게 만드는 것이다.

산 미구엘 시장의 가장 큰 경쟁력은 이러한 한입 먹거리와 안주류다. 시장은 월요일, 화요일, 토요일에는 오전 10시부터 자정까지, 수요일, 목요일,

●● 산 미구엘 시장의 한입 먹거리들.

Arroz con Costra
Paella with meat & chorizo

금요일에는 오전 10시부터 새벽 2시까지 영업한다. 일명 유럽형 야시장이다. 새벽까지 영업해도 손님이 끊이지 않는 이유는, 다양한 안주류와 편하게 먹을 수 있는 장소가 있기 때문이다.

음식점의 개방된 주방에서는 음식 만드는 과정을 시장 내 TV로 방영하고, 플라멩코 등 각종 공연도 수시로 펼쳐진다. 당근, 호박 등으로 악기를 만들어 연주하는 '채소 오케스트라' 공연도 인기다.

오전에 잠깐씩 과일과 채소를 팔던 낡고 오래된 시장은 가격을 차별화하고 관광, 문화, 먹거리를 접목함으로써 관광지로 되살아났다. 가격이 2, 30퍼센트 비싸지만 굴, 와인 등 최고 품질의 신선 제품과 다채로운 먹거리가 많아 오전 10시부터 밤 12시까지 시장은 손님의 발길이 끊이지 않는다.

음식의 추억을 다시 선물하라

시장을 돌아서 쌀을 파는 매장에 가니 냄비를 팔고 있었다. 한두 사람 정도가 먹을 수 있는 작은 냄비에 파에야 재료들이 들어가 있었다. 파에야는 에스파냐의 전통 요리로서 여러 가지 해산물을 재료로 하는 볶음밥의 일종이다. '파에야'라는 이름은 바닥이 얇고 둥근 모양에 양쪽에 손잡이가 달린 프라이팬을 가리키는 말이다.

시장에서 팔고 있는 파에야 냄비는 크기가 어마어마했다. 전통적인 파에야는 지름 1미터가 넘는 큰 원형 냄비로, 들에서 일하던 사람들이 장작불을 피워 주변에서 쉽게 구할 수 있는 재료들을 넣고 밥과 함께 볶아 먹은 데서 시작되었다고 한다.

시장에서 파에야를 먹고 돌아갈 때 쌀과 기름, 소스, 그리고 그것을 볶을 수 있는 냄비까지 세트로 구성된 기념품을 사면 되는 것이다. 그러면 집에서 그 음식을 먹으며 여행지에서의 추억을 떠올릴 수 있지 않겠는가.

부산에 가면 유명한 동래 파전이 있다. 동래시장에서도 파전을 팔 때 완성된 제품만을 팔 것이 아니라 파전의 베이스가 되는 반죽 가루에다 들기름과 참기름 등을 섞어서 만든 그 집만의 비법 기름을 작은 병에 담고 찍어 먹는 소스 두 가지까지 미니 프라이팬에 올려 함께 판매해 보면 어떨까. 그것을 사간 사람은 전 세계 어디서든 동래 파전을 맛볼 수 있게 될 것이다. 또 부산 여행길에 동래 파전을 먹어 본 사람이라면 슈퍼마켓에서 그 상품을 발견했을 때 자연스레 한국에서의 추억을 떠올리게 되지 않겠는가.

한편 음식점 사이사이에는 맥주와 핫와인Hot Wine을 파는 뱅쇼Vin Chaud 매장들이 있었다. 뱅쇼는 추위가 심한 유럽에서 빠뜨릴 수 없는 겨울의 명물이다. 와인에 오렌지, 레몬 같은 과일과 정향, 계피 등의 스파이스를 넣고 끓여 만드는 뱅쇼를 한 모금 마시면 향긋하고 따뜻한 액체가 꽁꽁 얼어버린 몸에 스며들어 냉기를 풀어 준다. 과일의 비타민, 와인의 폴리페놀, 스파이스류의 진정 작용 등 건강과 미용에 좋다고 하여 유럽에서는 감기 예방용으로 마시기도 한다. 또 여름에는 차갑게 먹기도 한단다. 음식을 먹으면서 한 잔의 뱅쇼를 함께 즐길 수 있으니 테이블에는 빈자리가 없다.

야시장용 한입 음식을 개발하자

얼마 전 전국 최초로 부산에 야시장이 생겨서 가보았다. 좁은 골목은 야시장을 구경하려는 사람들로 넘쳐 났다. 다들 여길 어떻게 지나다니라는 거냐며 푸념을 늘어놓았다. 그것보다 더 큰 문제는 먹거리를 파는 부스 옆에 먹을 공간이 없다는 것이었다. 가뜩이나 길도 좁은데 먹거리까지 들고 다닌다면 옆 사람과 부딪혀서 제대로 먹을 수나 있겠는가. 가게 앞에 서서 먹고 싶어도 주문 순서를 기다리는 손님들이 많아 그럴 수 없었다.

　스무 개 남짓 부스를 보며 한 블록 정도 걷고 나니 야시장 골목이 끝났다. 시장을 즐기는 것이 아니라 정신없이 밀려다니다가 끝난 것이다. 음식 부스 바로 옆에 간이식 테이블과 의자를 놓으면 좋겠다는 생각이 들었다. 그러면 전체 시장의 길이가 길어질 뿐 아니라 손님들 또한 곳곳에서 다양한 음식들을 즐길 수 있게 된다.

　또 하나 제안하고 싶은 것은 야시장에 적합한 진열 방법이다. 야시장에 더 많은 다문화가정의 부스를 넣어서 세계 각국의 다양한 음식을 맛보게

●● 쌀과 기름, 소스, 냄비까지 한 세트로 구성된 파에야 기념품.

하는 것은 어떨까. 가격도 천 원에서 3천 원 선으로 책정하여 조금씩 맛볼 수 있게 하는 것이 적정하다.

야시장 부스 옆에 있는 기존의 점포들도 야시장 점포처럼 상품 제안 방법을 달리 했으면 좋겠다. 떡집의 경우 오색경단 세 줄을 3천 원에 팔고 있었는데, 그것을 다 먹고 나면 배불러서 다른 음식을 먹을 수가 없다. 그러니 당연히 쉽게 손이 가지 않는다. 그걸 꼬치에 꽂아 한 줄 천 원에 파는 것이다.

빈대떡을 먹는데 음료수가 없어서 목이 멨다. 마실 것을 찾아보니 단술이 1.5리터에 4천 원이었다. 혼자는 물론이고 둘이 먹기에도 너무 많은 양이다. 5백 밀리리터를 천5백 원에 팔면 누구나 쉽게 사서 먹을 수 있을 텐데 하는 생각이 들었다. 파전도 한 판에 만 원이 아니라 피자처럼 한 조각에 2천5백 원에 판매하면 좋겠다. 빈대떡도 반쪽에 2천5백 원, 과자도 쉽게 집어 갈 수 있도록 천 원짜리 소포장을 더 만들어야 한다.

한 봉지 5천 원 하는 부피가 큰 상품은 야시장에 적합하지 않다. 고객들은 조금씩 다양한 음식을 맛보고 싶어 한다. 그런 심리를 이용한 야시장표 한입 상품 제안이 시급하다.

산 미구엘 시장과 달리 부산의 야시장은 10시면 끝이 난다. 왜냐, 오래 머무르며 음식을 먹을 수 있는 환경이 되지 않기 때문이다. 한국의 야시장은 대부분 아시아 지역의 야시장을 모방하는 경우가 많은데, 약간은 어수선하고 정신없이 운영되는 것이 야시장의 미덕인 것처럼 여기는 것 같다. 유럽에도 이렇게 폼 나는 야시장이 있는데 말이다.

어느 지역이든 사람 냄새 나는 고유의 시장을 훔쳐볼 수 있다는 것은 관광객을 흥분시키는 일이다. 그 지역을 표현하는 음식을 맛보고 문화를 느낄 수 있는 곳으로 전통시장만 한 곳이 또 어디 있겠는가. 하지만 그러기 위해서는 그들의 마음을 읽고 그들의 눈높이에 맞춰 시설을 개발하고 상품을 제안하려는 노력이 선행되어야 한다. 멀리 외국까지 갈 필요도 없이 한국에서 그런 문화를 즐기고 느낄 수 있는 관광형 시장이 탄생하기를 바란다.

2005년 전통시장 활성화 프로젝트를 시작할 때부터 인연을 맺은 한 교수님이 있다. 그분과 오랜만에 만나 식사를 하고 차를 마시는데, 그분이 요즘 마음에 와 닿는 글귀가 있다며 들려주셨다.

'늙어 가도 낡아 가면 안 된다.'

전통시장도 마찬가지가 아닐까? 전통시장이 사라지는 것은 전 세계적인 추세. 하지만 그 속에서도 늙음을 낡음으로 방치하지 않고 성숙한 창조로 탈바꿈시킨 시장들은 살아남아 오늘을 사는 사람들과 함께 호흡하고 있다. 스스로에게도 한 번쯤은 꼭 물어볼 일이다.

나는 늙어 가고 있는가? 낡아 가고 있는가?

서점에서
간장을 판다고?

세계의 서점들

●● 　여행 중에 만난 특별한 서점들을 한자리에 모았다. 일본의 츠타야 서점, 미국의 스트랜드 서점, 독일의 조커스, 아르헨티나의 엘 아테네오. 이들은 서점이라는 틀에 갇히지 않고, 단순히 책을 판매하는 공간으로서의 기능을 넘어 스스로를 혁신했다.

일본 도쿄 츠타야 서점(蔦谷書店)
홈페이지 http://store.tsutaya.co.jp

미국 뉴욕 스트랜드 서점(Strand Bookstore)
홈페이지 http://www.strandbooks.com

독일 조커스(Jokers)
홈페이지 http://www.jokers.de

아르헨티나 부에노스아이레스 엘 아테네오(El Ateneo)
홈페이지 http://www.elateneocentenario.com

세계의
서점들

　　　　　여행을 하면서 그 지역과 딱 맞아떨어지는 책 읽기는 여행의 즐거움과 감동을 두 배로 만들어 준다. 쿠바 아바나에서 읽은 《노인과 바다》, 뉴욕에서 읽은 《위대한 개츠비》, 그리스 산토리니에서 읽은 《그리스인 조르바》는 특별한 감동으로 다가왔다. 내 눈앞에 보이는 풍경들이 책 속에 들어와 있어 마치 내가 주인공이 된 것 같은 착각이 들었다.

　또 여행 중 긴 이동 시간을 견디는 방법으로 독서만큼 좋은 것은 없다. 종이 책을 여러 권 들고 가는 것이 불가능하기에 여행지와 연관이 있는 것들로 전자책e-book을 구입해서 갔다. 책을 쓰는 나조차도 인터넷에서 전자책을 다운받아 보는 상황에서 서점의 미래는 어떻게 될 것인가 하는 생각을 했다.

　'옴니채널 쇼퍼omni-channel shopper'의 등장으로 오프라인 매장은 더 큰 위기에 빠졌다. 이들은 인터넷으로 자신이 원하는 여러 브랜드의 제품의 기능과 리뷰를 검색하는 것은 물론이고 온·오프라인을 넘나들며 다양한 유통 채널의 조건을 살핀 후 자신에게 이익이 되는 채널에서 제품을 구매한다. 특히 온라인 서점의 경우 정가 할인, 무료배송, 포인트 적립, 각종 제휴 카드 혜택을 제공하고 있을 뿐 아니라 전자책을 구매하는 소비자가 증가하면서 오프라인 서점은 점점 설 자리를 잃어 가고 있는 실정이다.

　해외도 이러한 사정은 별반 다르지 않았다. 하지만 여행 중에 만난 특별한 서점들은 여전히 고객들에게 사랑받는 지식의 숲으로 건재하고 있었다.

도서관과 서점을 결합하다
일본 도쿄의 츠타야 서점

도쿄의 다이칸야마는 한국의 가로수
길 같은 분위기로, 눈에 확 띄는 브랜드
숍이나 감각적인 물건을 파는 상점들이
많았다. 고급 주택 사이사이 독특하고 재
미있는 점포가 많아 구경하는 것만으로도 눈이
즐거웠다. 도쿄에서 가장 트렌디하고 감각적인 의류와 액세서리들이 가득
해 일본의 멋쟁이들이 주로 찾는다고 한다.

다이칸야마의 다양한 쇼핑 공간 중에서 나의 눈길을 사로잡은 곳은 츠
타야 서점이었다. '문화의 숲'을 콘셉트로 한 하얀 서점 건물은 숲과 어우
러져 멀리서도 한눈에 들어왔다. 총 세 동의 건물에는 서점, 음반 및 영상
매장, 카페 등이 들어가 있었고, 각 동은 유기적으로 연결되어 있었다.

그런데 판매하는 도서의 구성을 보고 놀라지 않을 수 없었다. 일반 서점
에서 잘 팔리는 비즈니스, 처세 분야의 도서는 취급하지 않는다고 했다. 이
곳에서는 인문·문학, 아트, 건축·디자인, 자동차·바이크, 요리, 여행이라
는 여섯 가지 테마로 취급 분야를 좁혀 깊이 있게 접근하고 있었다. 그리고
각 테마별 매니저를 채용해 전문성을 높였다.

1동은 MOVIE 콘셉트로 다양한 영화를 지닌 영상 매장이 있고, 2동은
LOUNGE 콘셉트로 집 안 거실 같은 편안한 분위기에서 책을 읽을 수 있
게 했다. 3동은 MUSIC 콘셉트로 1960~80년대 음악에 주력한 음반 매장
이 있다. 전체 서적이 15만 권, CD가 13만 장이라니 엄청난 양이다.

이 서점의 주 타깃은 오륙십 대 시니어층이라고 한다. 서점을 디자인한 하라 켄야原硏哉는 "중장년층이 왠지 모르게 기분이 좋고 자꾸 찾아가고 싶은 공간이 될 수 있도록 디자인의 초점을 맞추었다"고 말한 바 있다. 그래서 그런지 느긋하게 커피를 마시며 책을 읽을 수 있는 의자가 곳곳에 배치돼 있었다. 내가 이 서점을 찾았을 때 가장 많이 만난 사람은 아이들을 데리고 온 주부였다.

요리 서적 코너를 방문했을 때, 나는 깜짝 놀랐다. 서점에서 간장을 팔고 있었기 때문이다. 주부들은 간장과 다양한 소스들을 보며 함께 온 친구들과 의견을 나누고 있었다. 일본 요리의 주를 이루는 것이 간장이다. 지역마다, 집집마다 자신들만의 고유 간장이 존재한다. 우리나라의 된장과 비슷하다고 보면 될 것이다. 바꿔 말하면 교보문고에서 된장을 파는 격이다.

자세히 살펴보니 그 책장에는 간장을 만드는 다양한 비법이 적힌 책들이 꽂혀 있었다. 특정 지역에서 나는 간장이 꽤 유명한지 그 책이 가장 좋은 공간에 배치되어 있었고, 책에 소개된 간장을 그 옆에서 같이 판매하고 있었다. 책 따로, 간장 따로 사는 것이 아니라 그 자리에서 요리 책을 보며 간장을 바로 구매할 수 있는 것이다.

요리 코너에는 간장뿐 아니라 다양한 건강식품과 말린 식재료가 책과 함께 맞춤형으로 연계되어 있었다. 서점에서 책만 팔라는 법이 어디 있는가? 여행 책을 파는 코너에선 여행 상품을 함께 팔 수 있지 않겠는가.

서점의 단순 기능을 파괴한 츠타야 서점의 개점으로 활기를 잃어 가던 지역 문화가 되살아났다. 실제로 이 서점이 들어서기 전에 천5백 명 내외였던 1일 통행 인구는 주말에만 3만 명 이상으로 급격히 늘었다고 한다.

이곳에선 책과 음반을 대여도 해준다. 일본 소프트웨어 렌털 업체인 '츠타야'와 함께 도서관과 서점의 개념을 융합해 운영하기 때문이다. 하얀 패널의 책장에는 판매용 책을, 검은 패널의 책장에는 대여용 책을 비치하고 있다. 더 놀라운 것은 이곳이 '시립 도서관'이라는 것이다.

없는 책 빼고 다 있다
미국 뉴욕의 스트랜드 서점

뉴욕 지하철 풍경은 우리와 많이 다르다. 타자마자 불쾌한 냄새가 코를 찌르는 지하철 안에서 멋지게 차려입은 뉴요커들은 휴대전화 대신 책을 들고 있다. 역시 폼 난다. 책을 많이 읽으니 세계의 중심이 되는구나!

나중에 안 사실이긴 하지만 뉴욕 지하철 277개의 역사 중 맨해튼 서쪽의 6개 역만 휴대전화 통화가 가능하다고 한다. 녹서 장려를 위해 우리나라도 지하철에서 휴대전화가 안 터지게 하면 어떨까? 항의 전화가 빗발치겠지? 아니, 폭동이 일어날지도 모르겠다.

뉴욕 거리를 걷다 보면 개성 있는 자그마한 서점들을 아주 많이 발견할 수 있다. 서울에서 서점을 찾으려면 최소 두 시간, 방향을 잘못 잡으면 며칠이 걸릴지도 모른다. 자신이 사는 동네에서 걸어서 갈 수 있는 서점이 어디 있는지 생각해 보라. 결론은 없거나 멀다. 대부분 대형 서점이나 온라인 서점을 이용한다. 그런데 뉴욕에서는 20분 정도만 걸으면 개성 있고 사랑스러운 서점들을 만날 수 있다.

뉴욕에 다녀온 사람이라면 엄청난 규모의 중고 서점에 한 번쯤은 가봤을 것이다. 미국 뉴욕의 중고 서점 스트랜드는 다양한 분야의 희귀 판본과 화제의 신간을 함께 취급해 오프라인 서점 불황에서 벗어났다. 3층짜리 건물로 2층에서는 예술 도서를, 3층에서는 희귀한 고서 등을 전시 판매하고 있다.

이곳에서 판매하는 책을 쭉 늘어놓으면 18마일, 그러니까 29킬로미터에 달한다고 한다. 뉴욕대 근처에 위치한 이 서점은 중고 책뿐 아니라 새 책도 할인가에 판매하고 있으며, 어떤 경우엔 저자 사인이 있는 책도 판매한다.

스트랜드는 뉴욕이라는 도시의 특성을 먹고 사는 서점이다. 뉴욕은 전 세계에서 온 예술가, 작가, 평론가, 유학생들이 우글우글한 도시다. 그들이 집으로 가기 전 자신이 가져온 각 나라의 책들을 한 권씩만 팔아도 서점의 한 층을 꽉 채울 수 있다. 자신의 책을 되팔고 이곳에서 다른 책을 구매하는 시스템이 스트랜드의 저력이다.

그리고 주기적으로 신간을 낸 작가의 강연회를 마련해 사람들을 불러 모으고, 인기 없는 책은 한꺼번에 모아 1~3달러에 내놓아 이목을 끈다. 전자책과의 경쟁을 위해 '전자책보다 싼 책 모음' 코너도 만들었다. 직접 기념품도 개발해 판매하는데, 스트랜드 로고가 인쇄된 친환경 면 가방의 인기가 높아 유명 만화가나 디자이너의 콜라보레이션 컬렉션도 선보이고 있다.

전 세계 어디를 가도 구하기 힘든 희귀한 서적이 여기 가면 있다. 내가 본 것 중에는 한국에서도 구하기 힘든, 1976년 신세계백화점 갤러리에서 했던 전시 도록이라든지, 일본의 하드코어 책들, 좀처럼 찾아보기 힘든 제3세계 관련 책들로 진열장이 빈틈없이 채워져 있었다.

이런 희귀한 것들이 수용 가능한 것은 뉴욕이 가지고 있는 문화적인 파워 때문일 것이다. 하지만 뒤집어 생각하면 사소하고 볼품없고 낡은 무언가마저도 '차이'로 소중하게 여기는 뉴요커들의 마음가짐이 있기에 가능한 것이 아닐까 하는 생각도 들었다.

재고 · 파본 도서 팝니다
독일의 조커스

전 세계에서 가장 검소한 나라는 어디일까? 내가 보기엔 독일이 그런 나라 중한 곳인 것 같다. 독일에는 좀 특별한 서점이 있는데, 재고·파본 처리 전문 서점 '조커스'다. 재고 도서나 파본 도서(출시 18개월 미만 책 제외)를 출판사나 도서관 등에서 다량으로 사들여 매장에서 판매한다. 현재 독일 내 29개의 매장을 보유하고 있으며, 불황에도 불구하고 서점 체인으로 성장해 나가고 있다.

작은 출판사도 경쟁력을 갖추게 하기 위해 독일 정부는 출판사가 정한 가격보다 책을 더 싸게 팔 수 없도록 하는 '도서 정가제'를 시행하고 있다. 문화 상품의 가격이 자유 시장에서 좌지우지되지 않고, 소수의 독립 출판물 또한 독자들에게 노출될 수 있는 비교적 공평한 기회를 주기 위해서다.

출판사가 보유한 재고와 파본 도서는 도서 정가제 적용 범위에서 제외됐는데, 이런 기회를 잡아 조커스는 법적 테두리 안에서 할인된 가격의 도서를 판매하고 있는 것이다. 모든 제품을 정가보다 약 40~90퍼센트가량 할인된 값에 판매하는 가격 경쟁력을 갖추고 있기 때문에 오프라인 서점임에도 불구하고 살아남을 수 있었던 것이다.

세상에서 두 번째로 아름다운 서점
아르헨티나 부에노스아이레스의 엘 아테네오

부에노스아이레스를 갔을 때 만났던 아름다운 서점을 지금도 잊을 수 없다. 엘 아테네오 서점은 그 부제가 참으로 재미있다. 세상에서 두 번째로 아름다운 서점.

직원에게 왜 첫 번째가 아니고 두 번째냐고 물어 보았더니 자신들이 정한 게 아니라서 잘 모르겠다고 했다. 그럼 첫 번째로 아름다운 서점은 어디일까? 내가 보기엔 세상에서 가장 아름다운 서점이라고 해도 손색이 없을 것 같다.

이 아름다운 서점은 20세기 초의 오페라 극장을 개조해 만들었다. 이 도시에서 가장 크고 화려한 극장을 짓고 싶었던 이민자 막스 글룩스만은 극장 이름도 '그랜드 스플렌디드Grand Splendid'로 지었다. 최초의 유성 영화를 상영한 곳이며, 라디오 방송국이 들어서서 20세기 초의 위대한 탱고 음반들이 이곳에서 녹음되었다고 한다. 서점 곳곳에는 오페라 극장으로 사용되었던 흔적이 그대로 남아 있다.

검붉은 벨벳 커튼이 쳐진 무대는 카페로 사용되고 있고, 오페라를 관람했던 2, 3층의 고급 가죽 소파는 누구나 책을 읽을 수 있는 휴식 공간으로 변모했다. 과하지 않고 절제된 사인물과 고풍스러운 장식물들은 서점의 아름다움을 더해 준다. 문화와 예술의 도시 부에노스아이레스에서 탱고 다음으로 놓쳐서는 안 되는 것이 바로 이 아름다운 서점이다.

세계 어디를 가나 오프라인 서점은 어려움을 겪고 있었다. 하지만 도서관과 서점을 결합시킨 츠타야, 내가 본 책을 되팔 수 있는 중고·희귀 서적 전문점 스트랜드, 재고·파본 처리 전문점 조커스, 오페라 극장이 서점이 된 엘 아테네오는 모두 불황에도 각각의 방법으로 살아남았다.

그들은 서점의 기능이나 공간에 대한 고정관념을 깨고 새로운 서점의 개념을 창주해 냈다. 우리나라에서 가장 아름다운 서점은 어디인가? 희귀한 책을 살 수 있는 서점은? 길모퉁이마다 중고 서점을 만날 수 있는가? 그들이 우리에게 던지는 질문을 경청해야 할 것이다.

Vienna ★
Austria

부족함을
함께 채우다

오스트리아 빈 나슈 마르크트(Naschmarkt)

●●   빈의 신선한 아침을 즐길 수 있는 곳으로, 매일 이른 아침부터 장이 열린다. 채소와 과일, 고기, 치즈, 빵을 파는 상점 이외에 옷감을 파는 포목점도 있으며, 샌드위치 등을 파는 가판대도 자리 잡고 있다. 많은 이민을 받아들인 도시답게 아랍, 슬라브 계통의 향신료나 음식 재료를 판매하는 가게도 있다. 매주 토요일 오전 6시부터 오후 5시까지는 벼룩시장이 열린다.

주소 Wienzeile 1, Market Naschmarkt, 1040 Wien
(U4호선 케텐브뤼켄가세(Kettenbruckengasse) 역)

홈페이지 http://www.wienernaschmarkt.eu

오스트리아 빈
나슈 마르크트 Naschmarkt

　　　　오스트리아 빈은 유럽의 많은 도시 중 가장 우아한 도시로 꼽힌다. 웅장하고 아름다운 옛 건축물들이 원형 그대로 잘 보존돼 있고 도심 어디에서나 오페라 선율이 흘러나온다. 빈이 사랑받는 이유는 바로 보는 즐거움과 듣는 즐거움이 함께하기 때문일 것이다. 시선을 돌리는 곳마다 역사적, 예술적으로 의미 있는 수많은 건축물이 특유의 아우라를 발산하고 있었다. 고풍스러운 건물 앞에서는 거리의 음악가들이 턱시도를 차려입고 연주 중이었는데, 비싼 콘서트홀에서 듣는 음악과 견주어도 손색이 없을 정도였다.

　이 고풍스러운 도시에서 가장 시끌벅적한 거리가 있으니, 바로 '빈의 식탁'이라 불리는 '나슈 마르크트'이다. 시장으로 들어서니 박물관 같은 분위기는 사라지고 이내 사람 사는 냄새가 나기 시작했다. 5백 미터쯤 되는 거리에 생산자들이 직거래하는 각종 채소와 과일, 고기, 해산물, 향신료, 치즈, 와인 등을 팔고 있었다. 또 시장 입구에는 카페와 식당들이 즐비했다. 야채와 생선 등 1차 식품을 파는 곳으로 생각했는데, 음식을 파는 레스토랑이 더 많은 듯 보였다.

인기 있는 만남의 장소

나슈 마르크트는 16세기에 우유를 담는 나무통이 거래되면서 형성된 시

© 사장 홈페이지

●●● 빈의 식탁이라 불리는 나슈 마르크트.
신선한 식재료 상점과 함께 식당과 카페들이 들어서 있다.

장이라고 한다. 이후 빈 교외에서 재배된 농산물과 도나우 강을 따라 운반된 각종 물품이 모이면서 규모가 점차 커졌다. 싱싱한 식자재를 사기 위해 사람들이 많이 모이고 신선한 음식 재료가 넘쳐 나다 보니 주변에 식당과 카페가 하나둘씩 들어서 현재의 '먹자 거리'가 형성되었으며, 오늘날과 같은 시장 형태로 완성된 것은 1919년이라고 한다.

　그렇게 백 년을 넘게 이어 왔지만 유통 구조가 바뀌고 다국적 프랜차이즈 음식점들이 들어서면서 점점 장사가 되지 않았고, 문을 닫는 레스토랑들이 늘어났다. 시 당국은 시장 활성화를 위해 유명 셰프의 레스토랑과 프랜차이즈 체인점들을 시장에 유치하기 시작했다. 뿐만 아니라 많은 노점을 다양한 음식점으로 전환시켰다. 영업 시간도 자정까지 확대했다.

해산물 체인점으로 유명한 노트제^{nordsee}를 비롯해 비즈니스맨들에게 인기를 얻고 있는 캐주얼 다이닝 레스토랑 테바672, 〈마스터셰프 코리아〉로 유명한 한국인 김소희 셰프가 운영하는 레스토랑 '킴 코호트'의 분점도 나슈 마르크트에 있다. 점심시간이면 주변 직장인들로 인해 빈자리를 찾기 힘들 정도로 인기가 높다.

최근 전 세계의 관광객들이 많아지면서 외국계 음식점들이 늘어났다. 오스트리아의 전통 음식은 물론이요 중국, 인도, 태국 등 아시아 음식까지 맛볼 수 있다. 인도와 중동 지방에서 생산되는 향신료와 식초도 보이고 한국 식자재를 파는 곳도 보였다. 시장 곳곳에서 다국적 음식 재료들이 뿜어내는 빛깔이 눈길을 사로잡는다. 여행자들이 훌륭한 한 끼의 식사와 함께 빈의 문화를 맛볼 수 있는 곳이 바로 나슈 마르크트다.

나슈 마르크트는 고객을 유치하기 위한 노력을 게을리하지 않고 있었다. 주말에 열리는 'DJ 댄스파티', 시장을 방문한 고객들이 사진을 찍어서 올리면 가장 창의적인 사진을 뽑는 '그레이트 나슈 사진 콘테스트' 등 다양한 이벤트를 개최하고, 시장을 국가 파티장소로 정해 다양한 행사를 유치하고 있었다. 또한 2010년부터 시작된 주차장 확보 등의 시설 보수작업은 2015년 중반 완공을 앞두고 있다. 그 외에도 유기농 시장, 와인 시장을 새롭게 만들었다.

나슈 마르크트가 백 년이 넘게 사랑을 받는 이유는 전통에 새로움을 더하는 노력을 게을리하지 않기 때문일 것이다. 그 대표적인 예가 유명한 요리사, 다양한 브랜드와 손을 잡은 것이다. 이렇듯 새로운 문화와 사람을 받아들일 수 있었던 것은 그만큼 자신들의 요리와 상품에 자신이 있었기 때문이 아닐까. 그들보다 내가 못하다면 경쟁에서 뒤질 것이 뻔하기 때문에 쉽게 시장으로 들어오라고 하지 못했을 것이다.

협업은 부족한 사람이 부족함을 채우기 위해서 하는 것이 아니라 각각의 전문가가 서로의 전문 분야를 믹스해 새로운 창조물을 만들어 내는 과정이다. 그런 과정을 통해서 세월을 이기고 살아남는 무엇인가를 만들어 낼 수 있는 것이다. 요리 전문가와 식자재 전문가들이 만나서 나슈 마르크트를 빈에서 가장 인기 있는 만남의 장소로 만들었다. 먹거리, 놀 거리, 살 거리가 가득한 이곳이 만남의 장소가 되는 것은 어쩌면 당연한 결과일 것이다.

나슈 마르크트의 또 다른 선물, 벼룩시장

일주일에 한 번 나슈 마르크트가 주는 또 하나의 선물이 기다리고 있다. 매주 토요일 열리는 벼룩시장에 가면 정성과 손때가 묻은 아기자기하고 예쁜 물건들을 좋은 가격에 구입할 수 있다.

골목골목에는 중고품과 골동품 좌판들이 여기저기 널려 있었다. 작은 골목길을 빠져나가니 큰 광장에 어마어마한 규모의 벼룩시장이 열리고 있었다. 의류부터 액세서리류, 식기류, 고서적과 액자, 낡은 여행 가방까지 종류가 다양했다. 도대체 저렇게 꼬질꼬질 낡은 것을 팔려고 가지고 나온 건지 의심스러운 물건들도 보였다. 구경하는 재미에 푹 빠져 시간 가는 줄 몰랐다.

●● 매주 토요일 열리는 벼룩시장은 나슈 마르크트가 주는 또 하나의 선물이다.

한 옷 가게에서 오스트리아 공주가 착용했을 법한 화려한 레이스의 스카프를 발견했다. 20유로를 부르는 아저씨에게 좀 싸게 해달라고 한국 시장에서처럼 흥정을 해보았다. 한국 아줌마의 저력을 발휘해 15유로에 구매했다. 빈 주민들이 가져온 손때 묻은 물건을 엿보고 흥정하는 재미는 벼룩시장이 아니면 느낄 수 없는 것이다.

벼룩시장은 대개 토요일 새벽 5시에 시작해서 오후 6시에 끝이 난다. 빈 시민과 관광객, 이민자들이 뒤섞여 나슈 마르크트 일대는 하루 종일 왁자지껄했다. 한편 길 양쪽으로 늘어선 좌판 사이로 지친 고객들의 원기를 회복시켜 줄 간이매점과 카페들이 곳곳에 자리 잡고 있었다.

그 도시의 특색을 보여 주는 곳은 화려한 관광지만이 아니다. 고풍스러운 건물 사이에 클래식 선율보다 진한 삶의 소리로 가득 채워진 빈의 벼룩시장은 다른 도시에서는 느낄 수 없었던 빈만의 매력을 느끼게 해주었다.

아날로그 감성에
편리함을 더하다

불가리아 소피아 중앙시장(Central Sofia Market Hall)

●● 　소피아 중심지에 있는 옥내형(covered) 시장이다. 첸트랄니 할리(Tsentralni hali)로 불리며, 백 년이 넘는 역사를 자랑한다. 1층에서는 과일과 야채, 치즈, 올리브, 와인 및 주류, 빵을 판매하고, 2층에는 휴식 공간과 식당가가 마련되어 있다. 오전 7시에서 오후 9시까지 영업한다.

주소 Maria Louiza Blv 28, Sofia

불가리아 소피아 중앙시장
Central Sofia Market Hall

불가리아의 수도인 소피아에서 가장 핫한 비토샤 거리. 고층 건물 사이 광장에 사람들이 많이 몰려 있기에 가보았더니, 불가리아의 미래 모습을 제안하는 사진들이 행사장 중앙에 전시되어 있었다. 고층 빌딩 위로 친환경 스카이라인이 조성되고, 시내 한복판에 소형 비행기 활주로가 펼쳐지고, 층층이 이어진 돔 형태의 콘서트장 등 풍부한 상상력이 발휘된 사진들은 이곳의 미래 모습을 상상하게 만들었다.

중세 건물 사이로 들어선 백화점은 아날로그 감성을 짙게 풍기는 불가리아에 새로움을 더해 주고 있었다. 최첨단 친환경 도시의 청사진이 언제 완성될지는 알 수 없지만 다른 유럽 국가에 비해 발전이 더딘 동유럽 국가의 비상이 기대되었다. 길 건너편으로 이동해서 상점들을 구경하는데 유럽풍의 건물에서 사람들이 장바구니를 들고 쏟아져 나왔다. 처음 봤을 때는 워낙 외관이 웅장하고 고풍스러워 성당인 줄 알았다. 번쩍거리거나 휘황찬란한 간판도 붙어 있지 않았다. 도대체 뭐하는 곳인지 궁금해 들어가 보니 시장이었다.

외부는 아날로그의 감성, 내부는 실속으로 채워져

불가리아 중앙시장은 1880년대부터 형성되기 시작해, 오늘날의 형태로 완성된 것은 1909년이다. 외부 스타일은 네오르네상스, 네오비잔틴의 요

● ● 고풍스러운 외관과 달리 현대적인 느낌을 주는
소피아 중앙시장의 내부 모습.

소뿐 아니라 네오바로크 건축 양식이 혼합된 것이라고 한다. 성당처럼 생긴 건물 상단에는 작은 시계탑이 있었고 출입문은 박물관의 입구처럼 고풍스러웠다. 이런 외관을 가진 곳이 전통시장이라니 정말 흥미로웠다.

겉에서 보는 이미지와는 달리 시장은 규모가 작지 않았다. 총 4층으로 만들어졌는데 현재는 지하 1층과 지상 1, 2층의 세 개 층만 사용하고 있었다. 초록색 철 기둥이 인상적인 시장 내부는 3천2백 제곱미터의 면적에 170개가량의 상점들이 영업 중이었다.

시장은 시대의 흐름에 맞게 여러 번의 리뉴얼을 시도했다. 1950년에는 시장 상점의 약 75퍼센트를 지자체에서 인수해서 임대료와 제품의 품질을 엄격히 규제했다. 그 후 2000년 이스라엘 회사 아스트롬^{Ashtrom}의 대대적인 투자를 통해 내부를 현대적인 모습으로 바꾸면서 소피아 시민들의 중요한 쇼핑 장소로 부활했다. 현재는 1천여 명의 상인들이 이곳에서 영업 중이며, 상품의 품질과 서비스를 지자체 차원에서 관리하고 있다.

시장 입구에서는 꽃 가게가 처음 나를 맞았다. 매장 입구에 꽃 가게가 있다는 것은 그 나라 국민이 먹고사는 문제는 해결되었으며 집을 가꾸는 데 돈을 쓸 정도의 경제·문화적인 여유가 있음을 알려 주는 하나의 징표라고 할 수 있다. 그런데 불가리아 소피아의 전통시장 입구에 꽃 가게가 있다는 것은 어떻게 설명해야 할까? 우리나라보다 경제 수준은 높지 않지만 문화 수준은 더 높다고 봐야 하는 걸까?

또 하나 놀라웠던 것은 시장 1층에 환전소가 있다는 것이다. 그만큼 외국 관광객들이 많이 찾는다는 방증일 것이다. 에스컬레이터를 타고 지하로 내려가니 여행사를 비롯한 각종 사무실과 의류 매장이 자리하고 있었다.

1층에는 빵과 패스트리, 올리브, 견과류, 과자 등 농수산 식품, 유제품, 와인 상점들까지 다양한 상점들이 들어서 있었다. 마트처럼 동선이 넓고 깨끗하게 쭉 뻗어 있었으며, 과일·야채, 정육, 가공식품 등 구역이 나뉘어 있어 쇼핑하기 편리했다. 물건을 사기 위해 긴 줄을 서 있는 매장이 꽤 많아, 한눈에도 이곳이 소피아 시민들이 사랑하는 대표 시장임을 알 수 있었다.

시장 중앙 홀에는 큰 식당이 있어 장을 보는 일 외에 음식을 먹고 즐길 수 있는 공간이 마련돼 있었고, 상점들 사이사이 잠시 쉬어 갈 수 있는 카페와 와인 바들도 보였다.

주머니가 가벼운 미식가들을 위한 천국

2층에는 식당들 외에 1층에서 구매한 음식을 들고 와서 먹을 수 있는 넓은 공간이 마련되어 있다. 널찍하고 쾌적한 복도에는 안마 의자와 아이들이 놀 수 있는 놀이터, 화장실 등의 각종 편의시설이 있었다. 식당 이외에도 많은 사무실들이 2층에서 영업을 하고 있었다. 시장 업무를 보는 사무실인 줄 알았는데 은행과 여행사, 각종 통신사의 대리점들이었다. 시장 안에 사무 공간이 들어와 있는 것이 좀 특이했다.

2층 식당가에서 밥을 먹으려고 어느 식당 앞으로 갔다. 식사와 음료, 샐러드를 포함한 세트메뉴 구성이 잘되어 있는 것이 눈에 들어왔다. 우리가 갔을 때는 젊은 친구들이 꽤 많이 식사를 하고 있었다. 커플로 보이는 손님도 많았는데, 그들을 위한 커플세트 상품도 잘 구성되어 있었다.

기차 안에서 만난 불가리아 여대생에게 젊은 친구들도 전통시장에 가느냐고 물어보았더니, 주머니 사정이 좋지 않아 쇼핑은 다운타운에서 하고 식사는 시장에서 많이 하는 편이라고 했다. 그녀는 꼭 먹어야 할 불가리아 대표 음식으로 차가운 수프 타라토르Tarator, 위스키를 넣은 달걀과 치즈 패스트리를 오븐에 구운 빵 바니차Banitsa, 치킨 요리 등을 추천해 주었다.

그 친구가 알려 준 대로 음식을 주문했다. 타라토르는 마늘, 해바라기씨, 허브를 넣은 약간 걸쭉한 수프인데 입맛에 잘 맞았다. 치킨 요리에 곁들여져 나오는 배추는 우리나라의 백김치와 비슷한 맛이 났다. 이상하게 음식이 낯설지 않았다. 고추나 마늘 등 매운 양념을 사용한다는 점에서 불가리아 음식은 한국 요리와 비슷한 점이 많았다. 뿐만 아니라 아시아 사람들에게 친근한 양념과 재료들이 시장을 가득 채우고 있었다.

불가리아는 유럽과 아시아의 요리가 합쳐진 형태의 음식이 많은데, 예로부터 지리적으로 서아시아와 서·중·북유럽을 연결하는 통로 역할을 해 왔기 때문이라고 한다. 이곳을 거쳐 간 옛 사람들은 저마다 특색 있는 자기 지역의 요리법을 전해 주었고, 시간이 흐르며 전통 음식과 융화되어 불가리아 음식을 더욱 다양하고 풍성하게 만들어 주었다는 것이다. 게다가 불가리아는 음식 인심이 후하기로 유명하다. 더욱이 가격까지 착하니 미식가들의 천국이라 할 수 있을 것이다.

새로운 시도가 전통을 지킨다

동유럽에서 만난 불가리아 중앙시장은 우리나라의 어느 전통시장보다 깨끗했고, 정리 정돈과 진열의 상태도 매우 좋았다. 제품은 두말할 것도 없

●● 소피아 중앙시장은 백화점이나 마트가 가지고 있는 편리한 요소들을 도입해 소피아 시민들이 사랑하는 대표 시장으로 거듭났다.

이 신선했다. 특히 시장에서 한 끼 식사를 해결할 수 있는 다양한 메뉴들이 많아서 젊은 고객들이 상당히 많았다.

하지만 이 시장도 1980년대 세월의 변화를 따라가지 못해 잠시 문을 닫은 적이 있다고 한다. 그래도 시민들의 응원과 시장을 살리려는 지자체의 지원으로 위기를 극복하고 백 년의 전통을 지켜 냈다. 이곳에서 제일 중요하게 생각하는 것은 엄격한 품질 관리와 합리적인 가격이다. 불가리아 중앙시장은 주부들에게는 신선한 식재료 구입처로, 젊은이들에게는 배불리 한 끼 먹을 수 있는 만남의 장소로 시대에 따라 고객들이 원하는 것을 파악해 발 빠르게 변화해 나갔다.

고풍스러운 건물이 가진 아날로그적인 감성은 그대로 유지하면서 고객들이 쇼핑하는 데 편리한 동선을 확보하고, 제품군별 MD 개편으로 편리함을 더했다. 각종 편의시설을 확충하고 다양한 사무실을 들여서 다각화를 시도했다. 말이 전통시장이지 백화점이나 마트가 가지고 있는 편리한 요소들을 모두 받아들인 것이다. 아날로그 감성에 새로움을 더하는 전략이야말로 변화의 광풍 속에서 살아남을 수 있는 최고의 무기가 아닐까.

우리나라 시장도 단순히 1차 상품만을 판매하는 공간에서 벗어나야 한다. 시장에서 구입한 간이 식품들을 먹을 수 있는 공간 마련과 젊은 고객들을 끌어들일 수 있는 메뉴 개발이 시급하다. 시장의 전통은 살리고 고객들이 편리하게 쇼핑할 수 있는 새로움을 더하는 기술이 필요한 시점이다. 전통을 넘어 전통을 만들려면 끊임없이 변화하기 위한 새로운 시도를 해야 할 것이다.

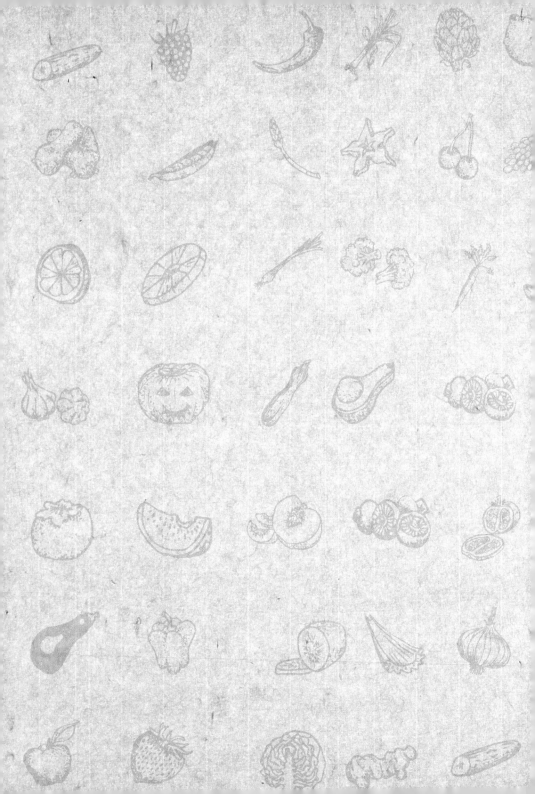

Chapter 3

체험하게 하라,
충성할 것이다

쇼윈도는 매장과 고객을 연결시켜 주는 다리 역할을 하는 곳이다.
그런데 이제는 단순히 보여 주는 것만으로는 부족한 시대가 되었다.
마네킹에 옷 몇 벌 입히는 것으로 고객에게 사랑받으려고 해서는 안 된다.
보여 주는 것을 넘어 직접 체험하게 하라,
그러면 고객은 충성할 것이다.

United States of
America

New York

보여 주는 진열에서
체험하는 진열로

뉴욕 소호(SoHo)의 혁신적인 쇼윈도들

●● 5번가(5th Ave), 미트패킹(Meat Packing District)과 더불어 뉴욕 최대의 핫 쇼핑 지역이자 패션의 메카이다. 1960년대에 가난한 예술가들이 싼 임대료를 찾아 모여들면서 발전하기 시작했지만, 지금은 명품 브랜드들의 플래그십 스토어들이 모여 있다. 주말이면 직접 만든 액세서리 등을 판매하러 나온 젊은 디자이너와 학생들로 더욱 흥겨운 분위기가 조성된다.

주소 145 6th Ave, New York, NY 10012
(지하철 N,R선 프린스 스트리트(Prince St) 역 하차)

홈페이지 http://www.sohonyc.com

뉴욕 소호의
혁신적인 쇼윈도들

　　　　　　뉴욕 하면 떠오르는 이미지가 있다. '프라다'를 걸치고 '마놀로블라닉'을 신고 거리를 활보하며 금요일 밤 가장 핫한 클럽을 찾아 '코스모폴리탄'을 홀짝이는 〈섹스 앤 더 시티〉의 '그녀들'이 있는 화려한 도시! 비행기 울렁증보다 더 심한 기대감과 설렘에 뉴욕행 비행기 안에서 나는 쉽게 잠들지 못했다. 늦은 밤 도착하자마자 하늘 높이 치솟은 빌딩들과 거리에 즐비한 명품관의 화려한 쇼윈도에 영혼을 빼앗긴 나는 발걸음을 멈추고 연신 카메라 셔터를 눌러 댔다.

쇼윈도 마네킹 대신 요가 선생님

　　뉴욕에 도착한 다음 날 아침 가장 먼저 찾은 곳은 소호였다. 소호는 사우스 오브 하우스턴SOuth of HOuston의 머리글자를 따서 붙여진 이름으로, 1960년대 예술가들의 아지트였다. 지금은 값비싼 다국적 매장들이 메인 스트리트를 점령하고 있어 예전의 예술적 향기를 찾아보기가 다소 힘들지만, 골목 사이사이로 들어가 보면 자신만의 독특한 콘셉트를 가지고 있는 개성 만점의 재미있는 숍들과 최고의 갤러리들을 만날 수 있다.

　　소호 지역은 운동화를 신고 천천히 여유롭게 걸어야 제대로 볼 수 있는 곳이다. VMD를 전공한 나는 아침부터 밤까지 쉬지 않고 걸어 다녀도 하나도 피곤하지 않았다. 눈을 즐겁게 하는 독특하고 멋진 쇼윈도들 덕분이었

●● 소호의 한 스포츠용품점. 요가복이 얼마나 편안한지
마네킹이 아닌 사람이 쇼윈도에서 직접 시연 중이다.

다. 안 먹어도 배부르다는 말은 이럴 때 쓰는 것임을 이곳에서 깨달았다.

소호를 걸어서 내려오는데 한 매장 앞에 많은 사람들이 모여 쇼윈도를 뚫어져라 쳐다보고 있었다. 요가복을 파는 매장이었는데, 세상에 요가 선생님이 쇼윈도 안에서 어려운 동작을 직접 시연 중이었다. 그녀는 지나가는 행인들의 시선은 아랑곳없이 요가 동자에 흠뻑 빠져 있었다. 행인들은 연신 카메라 셔터를 누르고 동영상을 촬영했다.

이 요가복이 이렇게 편안하다는 것을 눈으로 보여 주는 셈이다. 사각형 쇼윈도에 뻣뻣하게 서 있는 무표정한 마네킹으로는 너 이상 고객의 마음을 훔칠 수 없다. 서서 구경하던 많은 고객들이 매장 안으로 들어갔다. 남들과 똑같이 마네킹에 요가복을 입혀 평범하게 전시하였더라면 이렇게 고객의 시선을 끌고 마음을 사로잡기는 힘들었을 것이다.

쇼윈도는 매장과 고객을 연결시켜 주는 다리 역할을 한다. 상품의 정보를 제공하며 매장의 신용을 심어 주고 고객으로 하여금 구매 욕구를 느끼게 하여 판매를 유도하는 아주 중요한 곳이다. 소호 거리의 매장들은 이러한 쇼윈도의 역할을 넘어 형식 파괴로 사람들의 마음을 훔치고 있었다. 왜 뉴욕이 세계 최고의 도시인지 거리만 걸어 봐도 알 수 있었다.

체험하게 하라, 충성할 것이다

쇼윈도뿐만 아니라 점포 내부에서 더욱 빛을 발하는 매장이 바로 나이키 매장이다. 어떤 신상품이 출시되었는지, 새로 개발한 신발 밑창과 패턴을 각인시키듯 수백 개를 입구부터 매장 전체에 도배해 연출하였다. 여기까지는 평범하지만 새로 개발한 러닝화를 신고 뛰거나 걸어 볼 수 있도록 다섯 대의 러닝머신 옆에 테스트용 운동화를 사이즈별로 비치해 둔 것을 본 순간 충성하지 않을 수가 없었다.

이것이야말로 진정한 VMD였다. MD머천다이징, Merchandising와 VMD는 따로 생각할 수 없는 것임을 나이키 매장은 다시금 확인시켜 주었다. 직접 운동화를 신고 러닝머신 위를 달려 보았다. 나처럼 이렇게 체험해 본 고객은 이 러닝화를 사지 않고는 못 배길 것 같았다.

'체험하게 하라, 충성할 것이다!'

나이키의 남다른 형식 파괴는 체험을 통해 고객의 충성도를 이끌어 내는 데 있다. 이 매장을 보고 나니 러닝화를 파는 곳에 러닝머신이 없는 게 오히려 이상하다는 생각이 들었다.

나이키를 지나 좀 더 걸어 내려가다 외관부터 나의 눈길을 사로잡는 매장을 발견했다. 바로 컨버스 운동화 매장이다. 입구에서부터 수백 켤레의 운동화를 서로 포개서 한쪽 벽면에 전시하고 있었는데, 그 규모에 압도되어 끌려가듯 저절로 그쪽으로 향했다. 안으로 들어가니 칵테일 바 같은 곳이 있었고, 거기서 많은 사람들이 아이패드를 보면서 웃으며 이야기를 나누고 있었다.

그들은 컨버스 운동화에 자신만의 이니셜이나 그림, 문구, 친구와의 기념일 등을 새겨 세상에 하나밖에 없는 나만의 운동화를 만들거나 선물하려는 사람들이었다. 디자이너도 함께 웃으며 그 자리에서 디자인하는 것을 도와주고 있었다.

운동화 디자이너만 운동화를 디자인할 수 있는 것이 아니다. 누구나 디자이너가 될 수 있고, 자신만의 스타일로 운동화를 만들어 낼 수 있다. 그 자리에서 자신이 한 운동화 디자인을 SNS를 통해 친구들과 공유하고 의견을 받아 수정할 수도 있다. 아날로그인 운동화와 디지털이 만나 새로운 문화를 창조해 내는 것이다.

스마트폰과 뷰티가 만나고, 대리점과 카페가 만나는 등 스스로의 한계에 갇히지 않고 다른 것과 융합하여 새로운 것을 만들어 내는 시노들이 이루어지는 것은 이미 소비자들이 기존 형식에 얽매이지 않는 사고를 가지고 있기 때문일 것이다. 뉴욕에서 일어나는 파괴와 융합은 한국에서도 이미 시작되었다.

패스트푸드와 클래식 음악의 만남

피곤한 다리를 쉴 겸 맥도날드 매장으로 들어서는데 어디선가 클래식 음악이 흘러나왔다.

'어? 패스트푸드 매장에서 웬 클래식?'

그런데 오디오 스피커에서 나오는 소리가 아니었다. 2층 무대에서 나이 지긋한 연주자가 직접 라이브로 연주를 하고 있었다. 패스트푸드 매장은 시끄럽고 빠른 음악을 틀어 빨리 먹고 나가게 만들어야 한다는 고정 관념이 산산이 부서진 순간이었다.

매장 한쪽 귀퉁이가 아니라 고객이 자리에 앉으면 가장 잘 보이는 2층 발코니에서 검정색 고급 턱시도를 차려입은 금발의 피아니스트가 연주하는 선율은 아름다웠다. 매장 안을 흐르는 클래식 음악은 패스트푸드를 순식간에 고급스러운 음식으로 만들어 버렸다. 이러한 형식 파괴는 고객들에게 신선한 감동과 즐거움을 선사한다. 형식 파괴는 멀고 거창한 무언가가 아니다. 늘 해왔던 익숙한 일상을 비틀어 보는 데서 시작한다.

패스트푸드점에서 꽁꽁 언 몸과 마음을 녹인 뒤 지하철을 타고 타임스 퀘어 광장으로 이동했다. 세계적인 명소답게 사람들로 발 디딜 틈이 없었다. 그런데 그 사람들이 모두 한 방향을 쳐다보며 포즈를 취하고 있는 것이 아닌가.

뭔가 해서 쳐다보니 건물 위 전광판에 본인들의 얼굴이 나오고 있었다. 건물 꼭대기에 있는 카메라에 찍힌 모습이 실시간으로 전광판으로 전송되고 있었다. "Photo Time!"이라는 소리와 함께 여기를 봐달라는 안내 멘트가 나오면, 사람들은 전광판을 보며 재미있는 포즈를 취했다.

● ● 패스트푸드점 2층 발코니에서 연주 중인 피아니스트와 실시간으로 사람들의 얼굴이 전송되는
타임스퀘어의 전광판. 이 같은 홍보 전략들은 치열한 고민의 결과일 것이다.

그 건물 1층에는 맥도날드가 있었다. 맥도날드의 또 다른 홍보 전략인 것이다. 전 세계 다국적 기업들의 광고판과 매장들이 가득한 그곳에서 자기 매장이 어디 있는지 그보다 더 잘 알릴 수 있는 확실한 방법이 어디 있겠는가. 형식을 파괴하고 함께 체험하게 하는 이 같은 전략들은 치열한 고민의 결과일 것이다.

거리, 즐거운 경험을 함께 나누는 곳

숙소로 돌아오는 길, 백화점 쇼윈도에 많은 사람들이 붙어 있었다. 얼굴을 들이밀고 쇼윈도 안을 쳐다보고 있기에, 질세라 나도 따라 들여다보았다. 그랬더니 화면에 내 얼굴이 나타났다. 다양한 의상들을 화면으로 보여 주며, 나에게 꼭 맞는 의상을 제안해 주었다. 아이, 어른 할 것 없이 쇼윈도에 얼굴을 붙인 채 한참 동안 재미있게 놀고 있었다.

단순히 보여 주는 것을 넘어 직접 체험하게 하라, 그러면 고객은 그 브랜드에 충성하게 될 것이다. VMD도 이제 단순히 마네킹에 옷 몇 벌 입히는 것으로 고객에게 사랑받으려고 해서는 안 된다. 기존의 형식을 파괴하고 놀라운 것을 경험하게 해주어야 한다.

도시 거리의 환경은 쇼윈도로 이루어진다 해도 과언이 아니다. 쇼윈도는 현대사회의 정보 매개체로서 그 시대의 유행, 관습, 경향, 미적인 감각을 표현하고, 패션 리더로서 새로운 트렌드를 창조한다. 또한 그 나라의 문화 수준을 가늠하게 하는 척도가 되기도 한다. 뉴욕의 밤거리가 아름다운 것은 형식을 파괴한 반짝이는 아이디어, 새로운 체험을 선사하는 문화가 있기 때문일 것이다.

그러한 뉴욕의 모습을 보며 이제 우리나라의 거리도 재미있는 경험들을 함께 나누는 곳이 되면 좋겠다고 생각했다. 명동을 찾는 사람들이 예전보다 줄어들고 있는 이유도 더 이상 새로운 것이 없기 때문 아닐까. 형식을 파괴하는 혁신적인 쇼윈도들이 생기고 이를 고객들과 함께 즐겨야 한다. 사각 상자에 꽉 채워진 물건들을 보기 위해 사람들이 명동으로 가는 것이 아님을 명심해야 할 것이다.

United Kingdom

London

독특한 경험을
선물하라

영국 런던 캠든 마켓(Camden Market)

●● 런던에서 가장 인기 있는 시장 중 한 곳. 벅 스트리트에 있어서 벅 스트리트 마켓(Buck Street Market)이라고도 불린다. 옷과 신발, 액세서리를 싸게 파는 노점이 2백여 개 집합해 있다. 곳곳에서 헌 옷을 리폼해서 파는 구제 의류점을 볼 수 있고 간단히 끼니를 때울 수 있는 음식점과 펍, 바 등이 많이 있다. 토요일과 일요일에는 모든 상점이 문을 열고 평일에는 한산하다.

가는 방법 캠든 타운(Camden Town) 역에서 도보 2분

영국 런던
캠든 마켓 Camden Market

　　　　　역사와 전통, 예절을 중시하는 신사의 나라 영국에서 약
간은 뻬딱하지만 독특한 매력으로 사랑받고 있는 곳이 있으니, 바로 캠든
마켓이다. 런던 북쪽 캠든 타운에 자리 잡은 이 시장은 캠든 록, 스테이블
스 마켓, 커널 마켓 등 세 개 마켓이 함께 모여 이루어져 있는데 런던에서
가장 큰 규모를 자랑한다.

　지하철에서 내려 시장을 향해 걸어가는 동안 마주친 사람들의 옷차림만
보아도 단번에 시장의 분위기를 읽을 수 있었다. 은색 체인이 달린 찢어진
청바지를 필두로 핑크색 가발, 해골 무늬 티셔츠, 가죽인지 비닐인지 의심
스러운 재킷을 입고 주렁주렁 체인을 단 빨간색 뾰족 머리 사람들이 가득
했다.

남과 다른 한 끗은 어디서 오는가

　어느 정도 예상은 했지만 캠든 마켓 입구에 들어서는 순간 상점들의 독
특하고 특이한 외관에 어안이 벙벙해졌다. 고풍스러운 건물에 붙어 있는
기괴한 장식들, 골목길마다 들어선 작은 가게에서 파는 갖가지 요상한 물
건들……. 볼거리가 넘쳐 나서 무엇부터 봐야 할지 정신을 차릴 수 없을
정도였다. 런던에서 가장 흥미로운 곳을 꼽으라면 캠든 마켓이 단연 으뜸
이다.

●● 형형색색의 건물과 휘황찬란한 조형물로 가득한 캠든 마켓 거리.

    캠든 마켓은 펑크족의 발생지로도 알려져 있는데 거리를 걷다 보면 기괴하게 차려입은 고스족과 펑크족을 심심찮게 만날 수 있다. 앤티크, 빈티지 숍도 많지만 이곳의 가장 큰 볼거리는 펑크족의 액세서리와 의류, 해골 모양의 팔찌와 가죽 부츠 등 과감한 패션 아이템들이다.

    무시무시한 피어싱과 타투로 온몸을 뒤덮은 사람들은 처음 방문하는 이를 공포로 몰아넣기에 충분하지만, 런던의 젊음을 느끼고 싶다면 꼭 한번 가보길 바란다. 물건보다 사람 구경하는 게 더 재미있다는 것을 깨닫는 데는 그리 오랜 시간이 걸리지 않을 것이다.

●● 눈길을 끄는 캠든 마켓의 특이한 조형물들과 리젠트 운하 앞 식당의 오토바이 안장 의자.
독특하고 특이한 무언가에 사람들은 시선을 빼앗기고 열광한다.

런던에 2주 동안 머물러 나름 이곳의 풍경에 익숙해졌다고 생각했는데, 캠든 마켓의 갑작스러운 풍경에 나 또한 살짝 당황했던 것은 사실이다. 형형색색의 건물들, 휘황찬란한 가게 장식들, 어느 것 하나 고상하거나 주위와의 조화를 고려한 것 없이 모두 디자인이 기발하고 개성으로 똘똘 뭉쳐 있었다. 하나라도 놓칠세라 사진기에 담느라 정신이 없었다.

왜 이런 특이한 마켓이 형성되었을까 생각해 보니, 유난히 전통과 규율을 중시하고 남의 시선이나 명예, 예절에 민감한 영국의 사회적 분위기에 대한 반발 심리가 빚어낸 하나의 문화적 흐름이 아닌가 싶었다. 억압이 크면 클수록 그 반발심이 커지듯, 영국처럼 자기표현이 극도로 절제된 나라에서 충분히 나타날 수 있는 현상이라는 생각이 들었다.

독특하고 특이한 매장들을 구경하면서 계속 걸어가다 보면, 리젠트 운하를 만나게 된다. 이 운하를 중심으로 작은 노점들이 하나둘 모여 하나의 어엿한 시장을 형성하고 있다. 그리고 그 주변으로 배를 탈 수 있는 선착장과 카페, 수많은 음식점이 줄지어 늘어서 있는데, 인도 카레부터 터키 케밥, 일본, 중국, 스페인, 이탈리아 등 세계 각국 요리를 맛볼 수 있다.

그중에서 특히 사람들로 붐비는 한 음식점을 발견했다. 리젠트 운하를 바라보며 길게 앉아서 먹도록 되어 있는 노천 식당이었는데, 그곳을 특별하게 만드는 요소는 바로 의자였다. 한국의 노천 식당들은 대부분 푸른색 플라스틱 의자를 사용한다. 그런데 이 식당은 오토바이 안장 수십 개가 일렬로 늘어서 있었다. 그 풍경은 시선을 끌 만큼 충분히 매력적이었다.

손님들은 오토바이 안장 의자에 앉아 음식을 기다리는 동안 기념 촬영을 하느라 여념이 없었다. 남들과 다른 특이한 의자 하나가 이 가게의 얼굴마담 역할을 톡톡히 해내고 있는 것이다. 음식은 혀로만 먹는 것이 아니라 눈으로 먹고 재미로 먹고 분위기로도 먹는 것이니까.

특별함은 멀리서 오는 것이 아니다. 그야말로 '한 끗'이다. 남과 조금 다른 한 끗. 그것이 다름을 만들고 사람들을 열광하게 만든다.

부족한 점을 보완하기보다 특별한 점을 극대화하라

캠든 마켓을 둘러보며 머릿속을 떠나지 않는 단어 하나가 바로 '특이하다'였다. '강남 스타일'이 빌보드 차트 2위를 기록하고 세계적인 스타의 반열에 올랐을 때 가수 싸이가 했던 인터뷰 내용이 나는 무척 인상적이었다. 자신은 특이한 사람이며, 특이하다는 것은 '특별히 이상하다'는 뜻인데 처음 음반을 들고 나왔을 때도 모두들 특이하다고 말했다고 한다. 하지만 그 특이한 것을 10년 동안 꾸준히 했더니 전 세계 사람들이 알아주더라는 것이다.

우리나라 전통시장 중에 '특이하다'라고 할 만한 시장이 있었던가 생각해 보았다. 전라도 시장에서 찍은 사진이나 충청도, 경상도 시장에서 찍은 사진이나 모두가 비슷해 보인다. 업종, 지역, 역사, 문화와 상관없이 시설 현대화라는 명목 아래 그 지역 시장이 가지고 있는 고유한 문화와 전통뿐 아니라 개별 점포의 특성까지 모두 사라지게 만들었다. 똑같은 색상에 똑같은 모양을 한 간판들이 주렁주렁 걸려 있는 것을 보면 안타까운 생각이 든다.

캠든 마켓의 점포 간판은 똑같은 것이 하나도 없었다. 개성적이고 독특하고 괴기스럽고 요상했다. 그리고 이런 다름이 바로 이곳을 세계적인 관광 명소로 만들어 냈다. 우리는 남과 다른 것을 이상하다고 생각하지만 여기 사람들은 오히려 남과 똑같은 것이 이상하다고 생각한다. 우리나라에도 독특하고 특이하고 괴기스러운 시장을 하나 만들어 보면 어떨까. 생각만 해도 쉽지 않으리라는 생각이 든다. 우리는 남과 다른 무언가를 하는 것을 두려워하기 때문이다.

부디 남들과 똑같아지려고 하지 마라. 평범해지려고 하지 마라. 자신의 부족한 점을 보강해서 평범해지는 것보다 자신의 특별한 점을 극대화시키는 것이 훨씬 빠르다.

다름을 인정하고 평범함을 거부하는 영국의 캠든 마켓을 보면서 우리의 인생 또한 모두 다르다는 것을 인정하고 응원해야 함께 잘 살 수 있음을 깨달을 수 있었다.

낯선 것을
먼저 본 자가 이긴다

인도 바라나시 & 다즐링

●● 힌두교의 성지 바라나시 중심가에 위치한 메인 바자르는 옷, 뱅글(팔찌), 장신구 등을 주로 판다. 좁은 골목길이 미로처럼 얽혀 있다. 홍차 생산지이자 히말라야의 여왕인 다즐링에 위치한 촉 바자르는 규모는 작지만 서민들의 삶을 느낄 수 있는 곳이다.

인도
바라나시 & 다즐링

       세계 일주를 시작하면서 첫 번째로 갔던 곳이 인도였다. 그런데 마침 우리가 찾은 3월은 인도에서 가장 더운 때였고, 한낮의 기온이 40도를 넘는 경우가 허다했다. 열사병으로 두 번이나 기절했고, 보름간 장염으로 탈수 증세에 시달려야 했다. 델리에서 바라나시로 향하는 야간열차 안에서는 아무리 잡고 또 잡아도 계속 달려드는 모기떼, 바퀴벌레와 씨름해야 했다. 말 그대로 고행이었지만 인도는 나에게 상상 이상의 새로운 경험을 선사해 주었다.

낯선 세계와 만나다

    인도 하면 갠지스 강을 먼저 떠올리는 사람이 많을 것이다. 삶과 죽음의 경계가 없는 도시 바라나시, 그곳에서 내가 제일 먼저 간 곳은 전통시장이었다. 도대체 어디서부터가 시장인지 알 수 없을 정도로 많은 사람들이 노점상 인력거, 소들과 뒤엉켜 있었다. 우리나라 1970~80년대처럼 시끌벅적한 시장 골목 양쪽으로는 화려하게 금박을 입힌 액세서리 가게들이 늘어서 있었다.

    두 사람이 겨우 지나칠 만큼 좁은 골목들이 미로처럼 엉켜 있어, 이곳에서 지도도 없이 길을 잃지 않고 원하는 점포를 찾아가는 일은 거의 기적에 가까울 듯 보였다. 얼마쯤 갔을까. 한 평 남짓 크기의 비슷비슷한 상점들이

● ● 바라나시 메인 바자르의 팔찌 가게 입구.

이어지다 보니, 그곳이 그곳 같았다. 길을 잃었다. 어디로 가야 할지 모를 때 잠시 멈추고 내가 어디에 있는지 알아보는 것이 가장 현명한 방법이다. 인생도 마찬가지다. 하지만 우리는 멈출 수 없는 폭주 열차에 탄 사람처럼 살아가고 있다.

　바라나시 시장은 시간이 멈춘 듯, 고대 도시였을 때의 모습과 크게 다르지 않았다. 예전에 그들의 선조가 살았던 속도대로 오늘을 살고 있는 듯 보였다. 시장 안에는 황금사원이 있는데, 이교도는 출입이 통제된다고 했다. 사원 때문인지 종교와 관련된 용품과 제단에 바치기 위한 꽃과 쌀 같은 제물을 파는 상점들이 많이 보였다. 당장 내일 먹을 양식도 없는 사람들이 돈을 들여 신께 바칠 제물을 산다는 것이 잘 이해되지는 않았지만, 그들은 지금의 삶보다 더 나은 다음 생이 있다고 굳게 믿고 있었다.

시장 안은 행인과 순례자가 여기저기 뒤섞여 있었고, 가뜩이나 좁은데 소까지 어슬렁거렸다. 원숭이들은 지붕 사이를 뛰어다니고, 소도 개도 인간과 함께 거닐고 쓰레기통을 뒤지며 함께 살아가고 있었다. 동물들의 배설물과 쓰레기가 뒤범벅되어 제대로 걸어 다니기가 힘들 정도였는데, 그곳 사람들은 익숙한 듯 아무렇지도 않게, 즐겁고 바쁘게 시장통을 활보하고 있었다. 그 와중에 "짜~이 짜~이"를 외치는 청년들과 짜이^{인도식 밀크티}를 마시며 담소하는 사람들까지 그곳은 지금껏 상상해 보지 못했던 또 하나의 세계였다.

바라나시의 시장 골목은 활기에 넘쳤다. 좁은 시장 골목에 자리 잡은 상점들도 볼거리였다. 인도 전통 옷부터 각종 공예품까지 모든 물건에서 인도의 정취가 묻어났다. 1평에서 2평 남짓한 작은 가게들은 물건을 빈틈없이 가득 쌓아 놓았다. 지저분한 거리와는 달리 자신의 매장 상품들을 깨끗이 닦고 손질하는 모습이 인상적이었다.

알록달록한 옷 가게들이 많아서 시장을 걷는 내내 눈이 심심할 틈이 없었다. 인도만의 독특한 진열 스타일은 가게가 어디서부터 시작되고 끝나는지 모를 정도로 천장 부분까지 상품이 걸려 있다는 것이다. 인도의 전통 의상인 사리를 파는 곳이 델리에서보다 더 많이 눈에 띄었다. 화려한 사리는 평상복부터 파티용까지 다양한 제품들이 있었고, 진열 또한 컬러풀하게 잘 정리되어 있다.

다 마시고 나면 그릇을 깨라

잡화 상가를 빠져나오니 유산균이 발효될 때 나는 시큼한 냄새가 코를 찔렀다. 걸쭉한 요구르트인 '다히'에 물·소금·향신료 등을 섞어 만든 인도의 전통 음료 라씨의 향기였다. 라씨 가게에 들어갔더니 아저씨가 한국말로 "어서 오세요" 하고 인사를 했다.

한국 사람의 입맛에 맞는 음료까지 추천해 주었을 뿐 아니라 메뉴판도 한글로 되어 있었다. 인도 시장에서 작은 한국을 만난 기분이었다. 그래서인지 가게 벽면에는 이곳을 다녀간 한국 사람들이 남겨 놓은 메시지들이 가득했다. 라씨 먹는 사진을 비롯해 라씨를 맛있게 먹는 나름의 방식까지 써 있었다.

라씨는 붉은색의 전통 도자기 그릇에 담겨 나오는데, 다 먹고 나면 이 그릇을 던져서 깨는 것이 인도의 전통이다. 싫은 사람 이름을 외치면서 휴지통에 내동댕이치는 사람도 있었다. 시장이라 더운 여름날 그릇을 세척하기 힘들고, 또 컵을 재사용하게 되면 위생상의 문제가 생길 수 있기 때문에 그렇게 한다고 한다. 우리나라 시장도 일일이 씻기가 힘들어 접시 위에 비닐을 깔거나 일회용 용기를 쓴다. 그러느라 전통시장에서 쓰는 일회용품 소비량도 만만치 않을 것이다.

먹고 난 그릇을 깨뜨리고 싫은 사람 이름을 외친다? 이런 재미있는 문화를 우리 시장에도 접목해 보면 재미있지 않을까. 우리 가게는 나른 사람이 사용한 컵을 재사용하지 않는다는 신뢰를 눈으로 보여 주는 방법도 될 것이다. 유약을 바르지 않은 도자기를 대량으로 저렴하게 만들어서 식혜 등의 전통 음료를 마신 뒤 깨뜨리게 한다면? 맛있는 음식에다 그릇을 깨뜨리

●● 인도의 전통 음료인 라씨는 다 먹고 나면 그릇을 던져 깨는 것이 전통이다.

는 경험까지 덤으로 주는 것이다. 이런 독특한 경험을 하고 싶어서 그 음식을 먹고 싶은 마음이 들지 않을까?

주인아저씨는 장인이 작품을 만들듯 라씨 만드는 데 열중하고 있었다. 두 다리에 큰 항아리를 끼워 움직이지 않도록 고정시킨 뒤 다음 항아리에 유산균 덩어리와 고객들이 원하는 재료를 넣고 골고루 섞이도록 막대기를 빛의 속도로 저었다. 맷돌 돌리는 원리와 비슷했다. 정성스럽게 만들어진 라씨는 내 손에 건네졌고, 새콤달콤 맛있는 라씨를 '원샷' 하고 시원하게 그릇을 깨뜨렸다.

하지만 장이 약한 나에게 라씨는 두 번 다시 경험하고 싶지 않은 굴욕감을 안겨 주었다. '급 설사'로 인해 화장실을 찾아 이리저리 뛰어다녀야 했다. 아랫배를 움켜쥐고 땀을 비 오듯 흘리며 뛰어다니는 나를 보다 못한 남편은 주택가 골목 쓰레기 더미 위를 가리키며 여기서 싸라고 소리쳤다. 그 순간 한 아저씨가 바로 근처에 한국 식당이 있으니 거기로 가라고 안내했기에 망정이지, 1초만 늦었어도 일생일대의 망신을 당할 뻔했다.

인도는 정말이지 내가 살면서 한 번도 경험해 보지 않은 많은 경험을 선물해 준 곳이다. 유럽과 미국, 영국 등의 선진국에서는 앞서가는 시장 문화를 배울 수 있었다. 하지만 인도에서는 전통을 그대로 지키며 그것을 다른 사람들에게 전해 주려는 노력을 아끼지 않는 개개 상점들의 열정과 정성을 배웠다. 한국의 많은 시장들이 진통을 잃어 가는 안타까운 시점에서 예부터 내려오던 우리의 전통은 무엇인지 한국에 돌아가면 찾아봐야겠다고 다짐하게 만든 곳이 바로 바라나시 시장이었다.

펄펄 끓는 아이스크림?

한 달간의 인도 여행 중 가장 좋았던 곳을 꼽으라면 나는 주저 없이 다즐링을 말할 것이다. 홍차 생산지로 유명한 다즐링은 해발 2천 미터가 넘는 고산 지역으로 여름에도 서늘하다. 지도상으로 보면 인도의 동쪽, 그중에서도 히말라야 산맥과 가까운 지역이다. 인도가 영국의 식민지였을 때 영국인들의 여름 휴양지로 사랑받던 곳이기도 하다. 델리의 폭염을 피해서 이곳에 오니 저절로 기분이 상쾌해졌다.

질 좋은 홍차를 찾는 사람이라면 빼놓지 않고 찾는 곳이 인도의 다즐링이다. 이곳에서는 어딜 가나 질 좋고 합리적인 가격의 홍차를 구입할 수 있다. 오후 5시면 시장이 끝나기 때문에 서둘러 길을 나섰다. 시장으로 올라가는 길에는 방한용 모자, 머플러, 담요를 파는 상점들이 많았다. 어제까지만 해도 더워서 죽을 것 같았는데, 이곳에 오니 여름인데도 몸이 덜덜 떨렸다.

시장의 규모는 작았다. 스무 개 남짓의 작은 가게들이 천막으로 겨우 가린 채 장사를 하고 있었다. 인도 전통 밀전병을 파는 가게에서 두 개를 주문했는데, 앞치마를 보니 언제 세탁했는지 알 수 없을 정도로 지저분했다. 너무하다 싶었는데, 인도 여행을 많이 한 친구에게 물어보니 여기서는 두꺼운 점퍼 하나를 세탁해서 말리는 데 날씨에 따라 한 달 정도가 걸린다고 했다. 늘 마을이 구름에 둘러싸여 있으니 습하고 축축해서 빨래가 잘 마르지 않는다고 한다. "그럼 여기서 빨래 건조기를 팔면 대박 나겠다" 했더니 전기가 부족해 오후 5시면 전력 공급이 중단된단다.

우리가 간 날도 하필이면 관광객들이 많이 와서 도시 전체의 전력을 다 써 버린 탓에 뜨거운 물도 나오지 않고 난방도 되지 않았다. 너무 추워서 따뜻한 커피를 마시러 카페에 들렀다.

히말라야의 능선 위 해발 2,134미터에 위치한 카페에서 보니 탁 트인 북쪽으로 칸첸중가가 빛나고 있었다. 설산들이 빚어내는 아름다운 풍경은 내가 가진 언어로는 다 표현할 수 없을 정도로 신비롭고 아름다웠다.

나는 뜨거운 카페라떼를, 남편은 아이스크림을 주문했다. 남편에게 뭐라고 말은 안 했지만 '냉방에서 자느라 온 삭신이 쑤시고 결리는구만 웬 아이스크림?' 했는데, 막상 테이블에 나온 아이스크림을 보고 깜짝 놀랐다.

달궈진 불판 위에 나오는 스테이크처럼 아이스크림이 지글지글 연기를 내며 불판 위에서 끓고 있었다. 뜨거운 불판 위에 초코 케이크를 놓고 그 위에 아이스크림을 올린 뒤 초코 시럽을 둘렀다. 아이스크림이 조금씩 녹으면서 빵 위로 흘러내렸고, 촉촉하고 따뜻한 빵 위에 아이스크림을 올려 먹는 맛이 기가 막혔다. 히말라야 능선에서 설산을 보면서 먹는 아이스크림 맛은 최고였다.

창의적인 생각은 어디에서 오는가

인터뷰를 하다 보면 창조적인 발상은 어디에서 얻느냐는 질문을 많이 받는다. 전통시장에서 비닐봉지 하나로 매출을 올리고, 조개 수족관을 만들어 대박 가게를 만들고, 생선을 사선으로 진열하는 등의 아이디어를 어디에서 얻는지 묻는다.

내가 가르치는 학생들은 디자인과 학생들인데 늘 새로운 트렌드에 맞는 제품을 만들어 내느라 머리를 쥐어짠다. 백화점에 근무하는 십여 년 동안 나도 매년 계절마다 색다른 디자인을 내놓느라 머리를 쥐어뜯었다. 그때부터 생긴 버릇이 하나 있다. 단골집을 만들지 않는 것이다.

우리가 시간을 내어 극장이나 음악회에 가는 것은 다른 장소에서 새롭고 낯선 경험을 하기 위함이다. 낯선 환경에 노출되어야 새로운 생각을 하게 되고, 또 그 새로운 생각은 위기의 순간에 독창적인 아이디어를 도출시킨다. 그래서 나는 약속이 있을 때마다 늘 상대방에게 장소를 잡으라고 한다. 그래야 한 번도 가보지 않은 낯선 곳에 갈 수 있으니까.

독일 철학자 하이데거Martin Heidegger는 "낯선 것과의 조우를 통해 이성이 시작된다"라고 말했다. 매일 보는 익숙한 것들에 대해서는 생각이 일어나지 않는다. 습관처럼 반복되는 행동들은 무의식적으로 하는 것일 뿐 생각의 결과로 행해지는 것이 아니기 때문이다.

이십 대라면 단골을 만들기보다는 늘 새로운 곳에 가보길 권한다. 같은 카페에 가더라도 어제 먹었던 것과 다른 것을 먹어 보라. 내가 좋아하는 것보다 맛이 없더라도 그 경험으로 인해 얻는 것이 있을 것이다. 당신의 불평은 새로움을 낳는다.

창조적 영감을 얻기 위해서 일상에서 가장 쉽게 할 수 있는 방법은 매일매일 다른 곳에서 밥 먹고, 차 마시고, 머리 하고, 옷 사 입는 것이다. 그러다 보면 어느새 당신은 다른 생각을 하는 창조적인 사람이 되어 있을 것이다. 새로운 아이디어를 얻고 싶다면 단골집을 만들지 말아야 한다.

1946년에 창업해 3대째 전통을 이어 가고 있는 한일관은 조정래 소설에도 등장하는 유명한 맛집이다. "한일관 불고기 한번 실컷 먹어 보고 죽으면 소원이 없겠다"는 말이 있을 정도로 예나 지금이나 서울 사람들의 외식 별미로 사랑받고 있다. 가업을 잇고 있는 두 딸의 인터뷰에 따르면, 단골들은 옛날 맛 그대로라고 좋아하지만 60년 전 불고기를 그대로 내놓으면 짜서 못 먹는다고 한다.

사람들의 입맛은 세월에 따라서 조금씩 변해 간다. 변하는 입맛을 따라잡기 위해 새로운 시도를 하지 않는 음식점은 외면당할 수밖에 없다. 하지만 사람들은 어느 정도 궤도에 오르면 낯선 환경에 자신을 던지지 않는다. 이 정도면 됐다고 말하는 순간, 성장은 멈춘다.

새로운 것, 낯선 것을 먼저 보는 사람이 성공한다. 낯선 환경에 끊임없이 자신을 던져 새로운 세포로 갈아입는 자만이 세월이라는 권태를 이길 수 있다.

첫 여행지였던 인도는 나에게 낯선 환경으로 상상할 수 없었던 새로운 경험을 선물해 주었고 나의 세포를 더 탱탱하게 만들어 주었다.

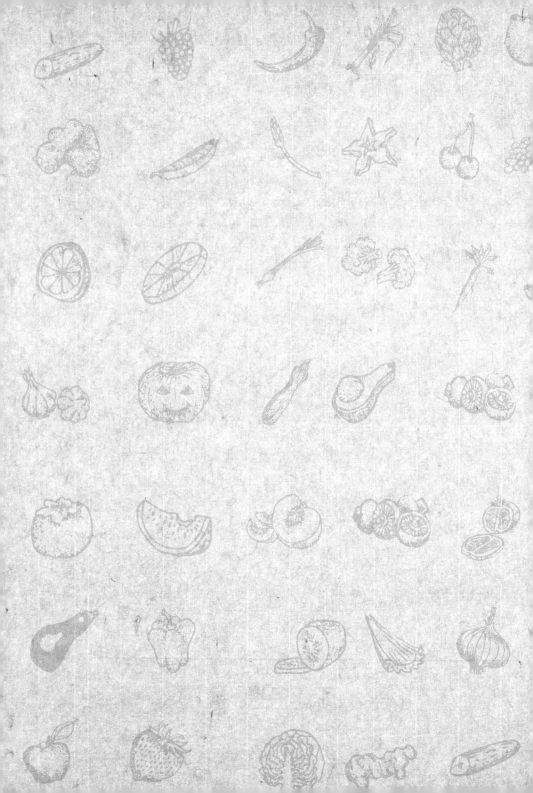

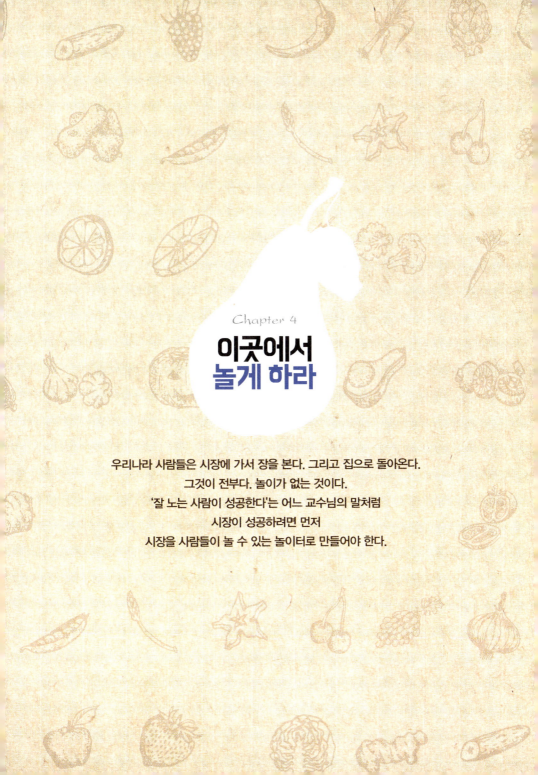

Chapter 4

이곳에서
놀게 하라

우리나라 사람들은 시장에 가서 장을 본다. 그리고 집으로 돌아온다.
그것이 전부다. 놀이가 없는 것이다.
'잘 노는 사람이 성공한다'는 어느 교수님의 말처럼
시장이 성공하려면 먼저
시장을 사람들이 놀 수 있는 놀이터로 만들어야 한다.

Hambug ★

Germany

나는 시장에
놀러 간다

독일 함부르크 어시장(Hamburg Fischmarkt)

●● 　　1703년부터 오늘날까지 운영되어 온 함부르크에서 가장 오래된 종합시장. 일요일 새벽 5시부터(매년 11월 중순에서 3월 중순까지는 7시부터) 아침 9시 30분까지 열린다. 이름은 수산 시장이지만 수산물 말고도 시장에서 살 수 있는 모든 품목을 다 구경할 수 있다.

주소 137 Grosse Elbstrasse, 22767 Hamburg
홈페이지 http://www.fischauktionshalle.com

매주 일요일 새벽 5시면 수백 명의 인파가 줄을 지어 시장으로 행군하는 진풍경을 볼 수 있는 곳이 있다. 바로 독일의 항구 도시인 함부르크 어시장이다. 백화점 파격 세일도 아니고, 명품을 반액에 파는 행사를 하는 것도 아닌데 도대체 이른 새벽부터 이렇게 많은 사람들이 시장에 가는 이유가 뭘까?

전철역에 내려서 어디로 갈까 고민할 필요가 없었다. 그저 많은 사람들이 움직이는 곳으로 따라가기만 하면 되었다. 10분 정도 걸어가니 옷, 장난감, 신발, 보석, 음반 등을 파는 잡화상들이 나타나기 시작했다.

눈에 띄는 상품은 함부르크 선원들의 의상인 흰색 모자와 세일러복, 짙은 남색 체크 스카프였다. 이런 기념품을 사는 사람들이 의외로 많았다. 주변을 둘러보니 아빠와 아이가 같은 디자인의 선원 복장을 하고 나란히 시장으로 향하고 있었다. 시장에 장을 보러 가는 것이 아니라 놀이동산에 놀러 가는 듯 즐거워 보였다.

시장 특색에 맞는 코스프레코스튬 플레이를 하고 시장에 가는 모습이 나에게는 다소 낯설고 이색적으로 보였다. 항구 도시에 왔으니 잠시 선원이 되어 보는 것도 나쁘지 않겠다는 생각이 들었다. 길가 상점에서는 다양한 배 모형들과 시장을 상징하는 기념품들을 저렴한 가격에 판매하고 있었다.

© 시장 홈페이지

●● 매주 일요일 함부르크 어시장을 찾는 사람들은
먼저 놀고 마지막에 장을 봐서 돌아간다.

일요일은 어시장과 함께

많은 인파를 뚫고 드디어 시장 투어의 하이라이트라고 할 수 있는 메인 홀에 입성했다. 입구에서부터 시끌벅적한 하드록 사운드가 귀를 때렸다. 대형 수산물 창고처럼 보이는 홀에는 정말 빈틈없이 사람들로 가득 차 있었다. 중앙 홀의 무대 위에선 하드록 공연이 한창이고 무대 아래에선 삼삼오오 짝을 지어 가벼운 아침 식사를 즐기는 시민들이 웅성거렸다. 음식을 먹는 사람들은 연신 어깨를 들썩이며 리듬에 몸을 맡긴 채 음식과 음악을 함께 즐기고 있었다.

남녀노소 할 것 없이 모두 즐거운 얼굴이다. 고달픈 표정은 어디에도 없다. 처음 보는 이방인에게도 부드럽게 주먹을 내밀어 마주 부딪치며 어깨를 으쓱한다. 나도 모르게 아저씨 한 분과 웃으며 힙합 전사처럼 주먹 인사를 했다. 흥겨운 분위기와 그들의 오픈 마인드에 무장해제된 것이다. 홀을 가득 메우고 있는 록 음악과 흑인들 특유의 엇박자 리듬에 바로 감염되어 버린 것인지 어깨로 리듬을 타게 되었다.

춤을 추듯 걷다 보니 양쪽에는 먹거리 코너가 펼쳐져 있었다. 소시지, 따뜻한 와인, 간단한 수프 등. 아침 식사를 하기 위해 오는 사람들이 많아서인지 수프 요리가 다양하게 준비돼 있었다. 그중에서도 아인토프Eintopf라는 수프는 각종 야채와 소시지를 넣어 끓인 것으로 빵을 찍어 먹기에 좋다. 전쟁 중에 영양 섭취를 위해 개발된 수프라는데, 이른 새벽 몸을 녹여주는 든든한 한 끼 식사로 안성맞춤이었다.

식사를 하는 사람들 중에는 가죽 재킷에 피어싱을 한 젊은이들이 많이 눈에 띄었다. 혈기 좋은 젊은 친구들이 밤새 파티를 하고 이리로 와서 아침을 먹는다고 했다. 그들에겐 중앙 홀 무대에서 펼쳐지고 있는 공연이 간밤에 클럽에서 밤새워 놀았던 것의 연장선일 것이다. 신이 난 사람들은 무대 아래에서 멋진 춤을 선보였고, 나이 지긋한 노부부는 스포츠 댄스를 췄다.

문득 부산 자갈치시장 2층 식당가에 라이브 공연을 할 수 있는 무대를 만들면 어떨까 하는 생각이 들었다. 타지나 외국에서 온 관광객들은 1층에서 생선을 구매해 2층에서 먹을 수 있는 자갈치시장의 식당 시스템에 상당히 매력을 느낀다. 거기에 라이브 음악을 들을 수 있는 무대와 신청곡을 받아서 틀어 주는 다양한 문화 행사를 접목시키는 것이다.

함부르크 어시장은 매주 일요일 방문자 수 7만 명을 기록한다고 한다. '일요일을 어시장과 함께'라는 습관을 만들어 버린 덕이다. 그것이 가능했던 이유는 이곳이 그들에게 시장이 아니라 놀이터이기 때문일 것이다. 시장에 놀 수 있는 공간을 만들고, 노는 문화를 심고, 그리하여 장을 보는 것조차 하나의 놀이로 만들어 버린 것이다. 이곳에서는 먼저 놀고 마지막에 장을 봐서 돌아간다.

우리나라 시장은 먼저 장을 보고 그다음에 그냥 집으로 돌아오는 것이 전부다. 놀이가 없는 것이다. '잘 노는 사람이 성공한다'는 어느 교수님의 말처럼 시장이 성공하려면 먼저 시장을 사람들이 놀 수 있는 놀이터로 만들어야 한다.

바구니 얻기로 차별화된 즐거움

건물 밖에는 과일, 야채, 통조림, 훈제 생선을 파는 상점들과 트럭들이 장사진을 이루고 있었다. 그리고 그 트럭 앞으로 많은 사람들이 매달려 소리를 치고 있었다. 그런데 이들이 이렇게 줄을 서서 애타게 달라고 외치는 것은 살 물건의 이름이 아니라 바구니다. 다양한 바구니와 소쿠리에 인심 좋게 생선, 조개, 새우 등을 한가득 담아 파는데 가격이 너무 저렴해 이 바구니를 얻기 위해 경쟁하고 있는 것이다.

종류도 다양해 과일 바구니, 야채 바구니, 통조림 바구니, 소시지 바구니 등 바구니마다 각종 품목이 푸짐하게 담겨 있다. 한 번에 여러 가지를 먹고 싶어 하는 고객들의 심리를 간파한 시장 최고의 인기 상품이다. 아침 식사

●● 함부르크 시장의 최고 인기 상품인 각종 바구니들.
푸짐하고 저렴한 바구니를 얻기 위한 경쟁이 치열하다.

를 해결하고 집으로 돌아가는 길에 이 바구니를 하나씩 구매해서 가는 것이다.

한국 전통시장의 과일 가게도 이런 바구니를 만들어 보면 어떨까? 선물용 비싼 과일 바구니 말고, 다양한 과일을 담아 만 원에 한 바구니씩 만들어서 판다면 대박 날 것이다. 제철에 꼭 먹어야 할 과일 삼인방, 예를 들어 사과, 감, 귤을 각각 만 원씩 팔 것이 아니라 이 세 가지를 모아 한 바구니에 만 원씩 판다면 고객들에게 당연히 사랑받지 않겠는가.

오전 10시쯤 되니 시장은 파장 분위기로 떨이가 한창이었다. 파인애플, 바나나, 사과, 귤, 수박이 가득 담긴 쌀자루만 한 과일 자루가 단돈 5천 원, 피망 한 상자가 2천 원, 팔뚝만 한 호박 스무 개가 천 원……. 매력적인 가격과 신선한 이벤트로 7만 명의 사람들을 모이게 하는 함부르크 어시장의 매력에 흠뻑 빠진 아침이었다.

일요일 새벽 5시부터 아침 9시 30분까지 한시적으로 열리는 함부르크 어시장은 1703년 함부르크 시로부터 허가를 받아 운영되기 시작한, 가장 오래된 종합시장이다. 시장이 생긴 지는 3백 년이 넘었고, 그중에서도 수산물 경매는 그 역사가 이미 백 년을 넘어섰다. 넓고 큰 데다 해산물만 취급하는 것이 아니라 과일, 채소, 꽃 심지어는 티셔츠, 바지, 가방, 모자, 액세서리 등 팔지 않는 게 없을 정도다. 말 그대로 대형 종합시장인데 거의 모든 상품의 값이 믿기지 않을 만큼 착하다는 게 포인트다.

생선 시장답게 해물을 이용해 만든 샌드위치와 버거도 많다. 청어를 통째로 빵 사이에 끼운 버거는 보기만 해도 약간 소름이 돋는데 의외로 불티나게 팔려 나갔다. 도전 정신에 불타 청어 버거를 하나 사서 먹었는데 특유

● ● 함부르크 어시장은 생긴 지 3백
년이 되었고, 그중에서 수산물 경매는
백 년의 역사를 가지고 있다.

의 비릿한 맛이 약간 역하긴 했지만 어부의 딸답게 다 먹어 치우는 괴력을
발휘했다. 이곳에서는 청어 버거 외에도 연어, 대구 등 다양한 생선 버거를
판다.

　항구 도시인 함부르크에서는 배가 출항하거나 입항할 때 선원들이 바쁜
틈을 내어 생선을 전통 독일 빵에 끼워 먹었고, 이 도시 이름을 따서 햄버
거Hamburger, 함부르크의 영어식 표현가 되었다고 한다. 오늘날 우리가 먹는 햄버
거의 고향이 바로 이 함부르크인 것이다. 이곳을 찾을 기회가 있다면 생선
이 통째로 들어간 다양한 버거에 알싸한 독일 맥주 한 잔을 곁들이기를 권
한다. 최고의 즐거움과 행복감을 맛보게 될 것이다.

시장이 문 닫을 시간이 다가오는데도 돌아가기가 싫었다. 새벽 5시부터 장장 다섯 시간 동안 놀이동산에서 실컷 논 기분이었다. 춤도 추고, 밥도 먹고, 쇼핑도 하고. 아쉬운 마음에 노점에 앉아 커피를 한 잔 마시면서 파도처럼 끊임없이 밀려오고 밀려가는 사람들을 구경했다.

United Kingdom

London

365일 축제가 열리는 곳

영국 런던 코벤트 가든(Covent Garden)

●●   3백여 년이 넘는 오랜 시간 동안 신선한 과일과 야채, 화훼를 판매해 '런던의 식량 창고'라 불리던 곳이다. 1974년 야채 시장이 다른 곳으로 옮겨 가고 그 자리에 상점과 펍 등이 생겨나며 지금의 모습으로 자리 잡게 되었다. 주변으로 극장들이 늘어서 있어 관람을 기다리며 혹은 관람 전에 미리 와 둘러보는 곳이기도 하다.

주소 41 The Market, London, WC2E 8RF
(레이체스터(Leicester) 역에서 도보 5분)

홈페이지 http://www.coventgardenlondonuk.com

영국 런던
코벤트 가든 Covent Garden

영국의 겨울은 상당히 춥고 습하다. 오늘은 365일 축제가 열리는 시장 '코벤트 가든'에 가야 하는 날인데, 뼛속까지 파고드는 추위가 이불과의 작별을 자꾸만 방해했다. 고양이 세수를 하고 주섬주섬 오리털 파카와 털모자를 뒤집어쓰고 지하철역으로 향했다.

공연 세례를 통과해 시장에 도착하다

역에 도착하여 길을 따라 걷고 있는데 극장 앞에 긴 줄이 보였다. 아침부터 오페라 공연을 보러 온 사람들이 장사진을 치고 있었다. 우리와는 사뭇 다른 아침 풍경에 줄 선 사람들을 향해 카메라 셔터를 눌렀다.

차량 통행이 금지된 넓지 않은 길 양쪽으로는 특이한 복장을 한 행위 예술가들이 자신들만의 예술 세계를 펼쳐 보이고 있었다. 조금 더 걸어 올라가니 둥근 프라이팬을 닮은 특이한 악기를 연주하는 사람들 주변으로 많은 사람들이 몰려들어 박수 치며 환호를 보내고 있다.

코벤트 가든에 도착하니 광장 한복판에 비행기 여러 대가 전시되어 있었다. 특별한 행사 중인지 엄청난 수의 사람들의 시선이 한쪽으로 향해 있고, 무대 위에선 군복을 멋지게 차려입은 공군들의 퍼레이드가 펼쳐졌다. 초대 가수인지 밴드의 화려한 연주도 이어졌다. 아이들은 광장 중앙에 전시된 비행기에 오르기 위해 부모의 손을 잡고 순서를 기다리고 있었다. 추

운 날씨에도 축제를 즐기는 사람들의 표정은 추위를 녹일 만큼 밝고 행복
해 보였다. 이렇게 쉴 틈 없이 펼쳐지는 공연의 관문(?)을 통과하고 나서야
겨우 마켓 안으로 들어갈 수 있었다.

마켓 양쪽으로는 붉은 벽돌 건물이 창고처럼 늘어서 있다. 그 가운데 있
는 넓은 공간은 이곳이 예전에 야채 시장이었음을 알려 준다. 중앙 홀은 마
치 커다란 기차역 같기도 하고, 대형 비어홀 같기도 하다. 이 홀은 붉은 벽돌
과 초록색 아치로 장식되어 있어 공연장으로도 손색이 없어 보였다.

코벤트 가든은 원래 수도원Covent 부설 야채 시장이 있었던 자리다. 1970년

야채 장이 다른 곳으로 옮겨 가면서 그 자리에 펍pub과 상점 등이 생겨나기 시작했고, 지금의 코벤트 가든이 탄생하게 됐다. 이곳이 유명한 또 하나의 이유는 오드리 헵번이 주연한 영화 〈마이 페어 레이디〉의 촬영지이기 때문이다.

지금도 시장이 서지만 옛날과 같은 야채 시장은 아니다. 크게 애플 마켓과 주빌리 마켓이 열리는데, 애플 마켓은 수제 양복과 액세서리를 주로 팔고, 주빌리 마켓은 의류, 수공예품, 앤티크 제품 등을 판매한다. 꼭 물건을 사지 않아도 돌아보는 것만으로 충분히 재미있는 곳이다.

브랜드 명품과 경쟁하는 시장 제품

애플마켓 양쪽으로는 잘 정돈된 상점들이 늘어서 있었다. 그곳에서 파는 상품들의 면모를 보고 나는 깜짝 놀랐다. 백화점에서나 볼 수 있는 세계적인 다국적 명품 브랜드들이 즐비했다. 한편 시장 중앙 매대에는 저마다 독창성을 지닌 수제 향수와 비누 등 수공예품들이 당당하게 진열되어 있었다.

샤넬 매장 바로 앞에 내가 직접 만든 향수를 진열해 놓는 배짱이 너무나 마음에 들었다. 다국적 브랜드 바디숍 옆에 정성스럽게 만든 수제 비누를 떡하니 놓고 똑같은 가격으로 파는 모습도 멋지게 보였다. 가격을 물어보니 비누치고는 꽤 비쌌다. 이 정도의 품질로 만들려면 그 가격 정도는 받아야 한다고 했다. 브랜드 제품보다 약간 저렴한 물건도 있었지만, 자신이 만든 제품에 대한 자부심과 긍지는 대단했다.

세계적인 브랜드에 기죽지 않는 '시장 제품'을 우리는 만들 수 없는 것일까? 만들 수 있다. 당뇨 잡는 떡을 개발한 약수시장 상인도 있고, 시장에서

● ● 명품 브랜드 매장 바로 앞에서 당당히 경쟁하고 있는 수제 향수와 비누.

시작해 백화점에 당당히 입점한 남대문 액세서리 상인도 보았다. 대형 브랜드 제품에 뒤지지 않는 품질을 가진 시장 제품들을 키우고 육성해 소비자들에게 알려야 한다.

시장 제품들 중에도 훌륭한 상품이 많은데 대부분의 소비자는 이를 전혀 알지 못한다. 자신의 강점을 잘 알리는 것이 우리 전통시장에서는 가장 시급하고도 필요한 일이다. 자신이 잘하는 것을 자기 자신만 아는 것이 문제다. 겸손한 것도 좋지만, 정확히 알려야만 자신의 가치를 높일 수 있다.

명품 매장 옆에서 자신이 만든 상품들을 당당하게 팔고 있는 코벤트 가든의 상인들의 모습에서 로컬 명품의 자존심을 느낄 수 있었다. 유명한 명품들도 모두 동네 구멍가게에서부터 시작했다. 오늘 나는 명품이 되기 위한 첫출발을 했을 뿐이다. 명품이 될 씨앗을 품고. 그러니 미리 쫄 필요가 없는 것이다. 그들의 표정은 당당했고 제품은 훌륭했다.

예술가에게는 무대를, 고객에게는 문화 공연을

상점들을 구경하면서 길을 따라 들어가는데 사람들이 천장을 쳐다보며 숨을 죽였다. 적어도 5미터는 될 법한 높이에 쳐놓은 밧줄 위에서 칼을 가지고 하는 저글링 공연이 한창이었다. TV 서커스에서나 볼 수 있는 이런 공연을 시장에서 볼 수 있다니, 이것이 바로 코벤트 가든의 가장 큰 매력인 것 같다는 생각이 들었다.

점심을 먹기 위해 식당으로 내려가는데 식당 앞 미니 홀에서는 정장을 말끔하게 차려입은 다섯 명의 신사가 클래식 연주를 하고 있었다. 바이올린, 첼로, 비올라에서 흘러나오는 관악 3중주는 콘서트홀에서 듣는 정제된 음악보다 훨씬 더 큰 감흥으로 다가왔다. 연주가 끝나자 박수가 터져 나왔다. 이름 없는 그들이 아무런 꾸밈없이 있는 그대로 펼쳐 놓는 음악이 대중과 같이 호흡하기 때문일 것이다.

연주자들도 시간에 따라서 계속 바뀌었다. 그들 사이에는 나름대로 순서가 있는 듯했다. 한 팀이 거의 끝날 무렵 다음 팀이 미리 와서 기다리고 있다가 인수인계를 하며 서로 포옹하고 헤어졌다. 이렇게 다양한 연주와 공연이 끊이지 않으니 이곳에 온 사람들도 질리지 않고 오래 머무를 수가 있는 것이다. 머무는 시간이 길어지면 매출이 당연히 높아지게 된다. 쉬고 먹고 즐기면서 이 가게 저 가게 다니며 물건을 사게끔 유도하니, 다양한 공연이야말로 최고의 고급 상술이 아닐까.

앞으로 시장을 개발하는 데 있어 전체 쇼핑객들을 집합시킬 수 있는 광장의 존재는 필수적이다. 분명 시장을 찾는 고객들에게도 문화적 욕구가 있을 것이다. 그것을 표출하고 누릴 수 있는 공공의 문화 공간이 필요하다. 365일 공연이 끊이지 않는 코벤트 가든을 보며 우리 시장도 지금처럼 필요한 물건만 달랑 사서 돌아오는 곳이 아니라 여유롭게 커피나 차를 마시며 작은 공연을 관람할 수 있는 문화 공간이 될 수 있다면 얼마나 좋을까 하는 생각을 했다.

물론 지금도 많은 전통시장이 시장 한 귀퉁이에 작은 무대를 만들어 놓고 공연을 하고 있긴 하다. 하지만 특별한 행사가 있을 때만 사용하고 대부분은 거의 방치되어 있다. 우리는 왜 1년 365일 매일 공연이 열리는 시장

●● 1년 365일 다양한 연주와 공연이 끊이지 않으니, 시장 방문객들은 오래 머무르게 되고 매출도 높아진다.

을 만들지 못하는 것일까?

자신의 재능을 선보일 기회가 필요한 젊은 예술가들에게는 무대를, 문화 생활이 필요한 관객에게는 공연을 선사해 문화적 가교 역할을 해주는 공연 전문 시장이 우리나라에도 생기면 좋겠다. 나는 아침부터 저녁까지 공연을 보느라 8시간을 시장에서 머물렀다. 런던 코벤트 가든에서의 나의 하루는 행복하게 저물었다.

Greece

Athens

신나거나 재밌거나
무섭거나

그리스 플라카(Plaka) 지구의 상점들

●● 　　신타그마 광장에서 아크로폴리스 일대의 구시가. 사이사이 골목과 광장, 계
단으로 이어진 고지대로 '아테네의 몽마르트'라 불린다. 가죽 제품, 기념품, 엽서, 도
자기, 골동품 등을 파는 상점들이 가득하다.

가는 길 신타그마 광장과 모나스티라키(Monastiraki) 메트로 역에서 도보 5분

그리스 플라카 지구의
상점들

서구 문명의 발생지이며, 인류 역사상 가장 찬란했던 고대 문명이 싹텄고 에게 문명을 꽃피운 신화의 나라 그리스. 아테네에서 아크로 폴리스를 둘러보고 밑으로 내려오면 기념품 상점과 레스토랑이 밀집된 곳이 있다. '플라카'라 불리는 구시가인데 이방인에게 가장 아테네스럽다고 생각되는 곳이다. 미로처럼 얽힌 좁은 골목을 둘러보는 재미가 있다. 골목을 구경하다가 유독 눈에 들어오는 한 가게를 발견하게 되었다.

액세서리 가게였는데 지나가는 모든 사람이 목을 빼고 그 가게 천장을 바라보고 있었다. 가까이 다가가서 보니 천장에서는 큰 소리로 울부짖는 공룡이 머리를 흔들고, 그 옆으로는 멋진 액세서리로 양껏 멋을 낸 남녀가 천장에서 밧줄을 타고 내려오고 있었다. 공룡과 한판 사투를 벌이는 신나는 한 편의 드라마를 구경하기 위해 남녀노소 할 것 없이 그 가게 앞에 자석처럼 붙어 있었던 것이다. 물론 그 남녀는 실제 사람이 아니라 마네킹이었는데 연출된 포즈와 표정이 살아 있는 듯 활기찼다.

강력한 시각적 메시지로 고객의 발길을 잡다

액세서리 가게에서 한 편의 드라마를 보는 것 같은 스릴을 느낄 수 있다니, 어떻게 이렇게 연출할 생각을 했을까? 단순히 액세서리만 기득 늘어놓고 파는 가게들 사이에서 단연코 눈에 띌 뿐 아니라 발길을 멈추게 하는 가

●● 공룡과 마네킹으로 한 편의 드라마를 연출해
시선과 발길을 붙잡은 플라카 지구의 액세서리 가게.

게였다. 매장이 테마파크 같았다. 고객들에게 사랑받기 위해 노력한 만큼 매출로 보상받는 법이다. 굳이 안으로 들어가지 않아도 매장 입구부터 이 가게가 무엇을 파는 곳인지 한눈에 들어왔다.

고객은 매장 입구에서 첫인상을 결정한다. 멋진 상품을 많이 팔 것 같은 곳, 별 볼거리는 없을 것 같은 곳, 비쌀 것 같은 곳, 쌀 것 같은 곳…… 그 이미지는 문밖에서 결정된다. 바쁜 현대인들에게 뭔가를 읽히려면, 10초 이내에 파악할 수 있도록 매장의 메시지와 내용을 조절해야 한다. 너무 많은 메시지는 오히려 시선을 회피하게 할 수 있다.

●●● 이곳에 들어가면 뭔가 특별하고 재미있을 것 같다는 메시지를 주어야 고객들은 자석처럼 매장 안으로 끌려 들어온다.

10초 안에 그 매장이 무엇을 파는 곳인지 알게 하려면 강력한 메시지가 필요한데, 이 액세서리 매장은 화려한 액세서리로 무장한 마네킹과 공룡으로 강력한 메시지를 전달하고 있었다.

컨설팅을 하다 보면 손님들이 매장 안으로 들어오지 않는다고 하소연하는 사장님들이 많다. 그 이유는 무엇일까? 문밖에서 이미 들어가 봐야 특별한 상품이 없을 것 같은 메시지를 주기 때문이다.

고객들은 자기 옷장처럼 물건이 가득 들어찬 창고 같은 매장을 보려고 쇼핑몰을 찾는 것이 아니다. 이 가게에 들어가면 뭔가 특별하고, 재미있고, 나에게 뭔가 이로운 상품이 많을 것 같다는 메시지를 문밖에서 던져 주어야 한다. 신나거나 재미있거나 무섭거나 또는 드라마틱하다는 메시지를 문밖에 있는 고객에게 시각적으로 전해 주어야 고객은 자석처럼 매장 안으로 끌려 들어오게 된다.

이 액세서리 매장은 남들이 하지 않았던, 〈캐리비언의 해적〉 같은 한 편의 영화를 선물해 주었다. 그것도 전통시장에서 말이다. 그 시장에서 누구도 시도하지 않은 것을 시도했기 때문에 늘 손님들로 넘쳐 나는 것이다.

매력적인 점포들이 모여 매력적인 시장이 된다

매력적인 시장은 국가의 정책과 시설만으로 만들어지지 않는다. 매력적인 개개의 점포들이 모여 매력적인 시장이 된다. 국가의 다양한 지원에 맞는 개별 점포의 적극적인 노력 없이는 절대 만들어질 수 없는 것이다.

이 시장의 또 하나 볼거리는 바로 징사를 마치고 내리는 셔터에 있다. 내려진 푸른색의 셔터 위에는 점포의 특성에 맞는 다양한 그림들이 그려져

있었다.

바다와 관련된 물건을 파는 매장에는 바다의 신 포세이돈이 삼지창을 들고 당장이라도 달려 나올 것처럼 생생하게 그려져 있었다. 옷 가게 셔터에는 멋진 옷을 차려입고 쇼핑하는 여인들이, 신발 가게 셔터에는 의인화된 운동화나 샌들이 친근하게 그려져 있었다.

많은 점포들이 셔터에 그림을 그려 놓았는데, 그 실력이 만만치 않았다. 장사를 마치고 문 닫은 가게들이 늘어선 황량한 골목을 예술의 거리로 만들어 버린 셔터 그림은 당장 한국의 전통시장에 접목해 보고 싶을 정도로 매력적이었다. 무엇보다 장사가 끝났을 시각 뒤늦게 찾아온 손님들을 위해 셔터에 그림을 그려 또 다른 볼거리를 선사한 그들의 배려에 감동하지 않을 수 없었다. 셔터 위의 그림들은 사람들의 발길을 불러 모으는 하나의 관광 상품이 되기에 충분했다.

우리나라도 각계각층의 예술가들이 참여해 벽화를 그려 시장을 아름답게 꾸미고 있다. 하지만 셔터에 그림을 그린 곳은 한 곳도 없다. 장사가 끝났는데 굳이 무엇하러 그런 데 돈을 쓰느냐고 생각할 수 있을 것이다. 하지만 발상을 바꿔 셔터 예술제나 디자인대회를 시장에서 개최해 보면 어떨까? 이러한 이벤트를 통해 시장 자체의 인지도를 높이고 젊은이들을 시장에 유입시키는 계기로 삼을 수 있을 것이다.

모든 사람이 불필요하다, 실용적이지 않다고 말할 때 그러한 비실용적인 것으로 더 큰 가치를 만들어 낼 수 있음을 나는 플라카 시장에서 배웠다.

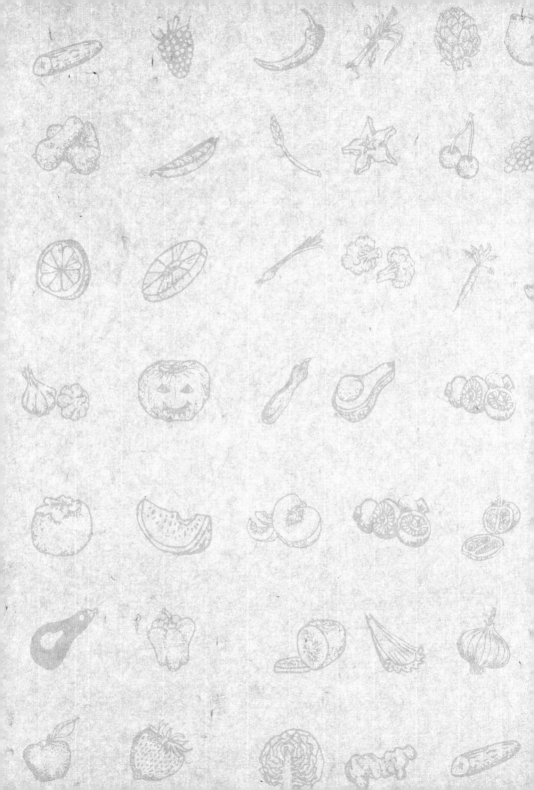

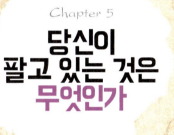

Chapter 5

당신이 팔고 있는 것은 무엇인가

한국의 많은 영세 슈퍼마켓들이 대형 유통업체들의
골목상권 침투로 어려움을 겪고 있다. 대형 유통업체와 똑같은
마케팅과 똑같은 정책으로는 그들을 이기기가 힘들다.
해답은 오히려 그 반대편에 있지 않을까?
제품의 질보다 가격으로 승부하는 대형 마트에는 없지만
우리 가게만 가지고 있는 것, 그것은 무엇인가?

Finland

Helsinki

자연과
생명을 팝니다

핀란드 헬싱키 하카니에미 마켓 홀(Hakaniemi Market Hall)

●● 1914년 개장 당시에는 가난한 노동자들에 의해 생성된 시장이었으나 현재
는 세련된 건축물과 상점, 바, 레스토랑이 즐비한 번화가로 변모했다. 여름이면 개
장하는 광장 시장의 노천 카페는 지역 주민들의 회합 장소다. 싱싱한 생선과 유기농
야채, 고기, 버터, 과일, 꽃, 패션용품, 수공예품, 생활용품 등을 찾아볼 수 있다. 매월
첫째 일요일에는 옷, 기념품, 가방, 음반, 주방용품 등을 파는 큰 규모의 장이 선다.

주소 Hämeentie 1a, Helsinki
홈페이지 http://www.hakaniemenkauppahalli.fi

핀란드 헬싱키
하카니에미 마켓 Hakaniemi Market Hall

하카니에미 마켓은 두 개의 마켓 플레이스로 나뉘는데 복합형 건물 형태로 지어진 마켓 홀과 시장 앞 큰 광장의 야외 시장으로 구분된다. 야외 시장은 먹거리와 꽃, 각종 야채와 과일, 수산물을 판매한다. 광장을 지나면 2층으로 된 붉은 벽돌 건물을 볼 수 있는데 이곳이 1914년에 문을 열어 올해로 백 년째를 맞이하는 하카니에미 마켓 홀이다. 시장은 오전 8시에 개점해서 오후 6시에 끝나는데, 광장의 야외 시장은 4시경이면 물건이 다 팔리기 때문에 서둘러서 가지 않으면 보기 힘들다.

소박하지만 착하고 실용적인 시장

1층으로 들어서니 맛있는 음식 냄새가 진동을 했다. 배가 고파서인지 모든 음식이 맛있어 보였다. 식당가를 돌아가니 나무 바구니에 담긴 당근과 감자들이 산지에서 바로 온 듯 생생하게 살아 있다. 핀란드는 국토의 약 70퍼센트가 숲이고, 15퍼센트 정도가 농경지, 거주지 또는 도로라고 한다. 이 청정한 숲과 자연에서 자란 버섯은 이곳에서 가장 사랑받는 식재료다.

농민들이 몸소 수확한 채소, 과일과 발틱 해에서 어부들이 밤새 잡은 생선과 어패류가 상품의 주종을 이루는데, 어부들이 직접 요리하는 짭짤하고 고소한 생선 튀김은 맛이 일품이어서 늘 줄을 서서 기다려야만 먹을

●● 핀란드의 청정한 자연에서 자란 식재료들과
그 식재료로 음식을 만든 식당들이 함께 있는 곳이 하카니에미 마켓 홀이다.

수 있다.

1층 구경을 마치고 벼룩시장이 열리는 2층으로 올라갔다. 나무로 정교하게 만들어진 1~2평 정도의 작은 상점들은 손때가 묻어 반질반질 윤이 났다. 백 년 된 목조로 만들어진 상점들은 지금 봐도 전혀 촌스럽지 않고 고풍스럽고 멋스럽다.

핀란드의 추운 겨울을 따뜻하게 나게 해줄 상품들이 가장 먼저 눈에 들어왔다. 북부 지방 원주민 라삐족들이 순록 모피로 만든 방석, 장갑, 모자 등 수제품 가게들이 늘어서 핀란드 냄새를 짙게 풍겼다. 이곳에서는 무명

예술가들이 자신의 이름을 브랜드로 내걸고 만든 상품도 만날 수 있다.

그들의 수공예품은 군더더기 없이 착하고 실용적이다. 나름의 멋과 예술성을 지니고 있어 눈을 뗄 수 없었다. 유행에 상관없이 두고두고 대를 이어 쓸 수 있는 상품으로 핀란드 사람에게 많은 사랑을 받는다. 디자인을 공부하거나 업으로 삼고 있는 사람들에게 꼭 들러 보라고 권하고 싶은 곳이다.

진짜 북유럽 스타일이란

한참을 둘러보는데 알록달록 현란한 색상을 자랑하는 제품들이 눈에 들어왔다. 벽면에는 꽃무늬가 가득 프린트된 천들이 주렁주렁 걸려 있었다. 마리메코Marimekko의 아울렛 매장이다. 가정마다 마리메코 제품이 하나씩은 있다고 보면 될 정도로 핀란드에서는 대중적인 인기를 얻고 있는 브랜드다. 시장 2층의 가장 넓은 면적을 대형 브랜드의 아울렛 매장이 차지하고 있는 것이 이채로웠다.

과감한 그래픽과 원색적인 컬러로 핀란드에서 가장 사랑받는 패브릭 브랜드인 마리메코는 앞치마부터 커튼까지 가정에서 쓰는 모든 제품을 판매한다고 보면 된다. 자연에서 모티브를 얻은 형태에 생활의 편리함을 더해주는 뛰어난 기능성을 자랑하며 현재까지 이어져 오고 있다. 또 마리메코의 원단을 구매하여 자신이 원하는 용품을 직접 만들 수도 있다.

재클린 케네디가 마리메코의 옷을 입고 유세를 해서 더욱 유명해졌다. 최근에는 핀란드 항공인 핀에어와 손잡고 기내의 외부를 마리메코의 대표적인 꽃 프린트로 장식하고, 이를 활용한 기내식 식기까지 선보였다. 자국의 디자인을 전 세계 사람들이 경험할 수 있게 한 멋진 아이디어다. 이 브랜드

● ● 하카니에미 마켓 홀에서 만난 영혼이 살아 있는 식재료들.

는 2010년 우리나라에도 들어와 젊은 주부들 사이에 인기가 높다.

핀란드 청정 지역에서 생산한 친환경적인 천연 재료만을 사용한다고 해서 더욱 인기인 마리메코는 1951년 핀란드 헬싱키에서 탄생했다. 핀란드는 1년에 6개월이 겨울이라고 할 정도로 춥고 늘 햇볕이 부족하다. 그래서 집집마다 빛을 반사하는 하얀색 벽이나 거울이 갖춰져 있다. 봄날같이 따뜻하고 화려한 색감의 자연을 집 안에 그대로 옮겨 놓은 듯한 마리메코의 사랑스러운 패턴은 긴 겨울을 집에서 보내야 하는 사람들이 우울하지 않게 지내며 행복해지기를 바라는 마음에서 시작되었다고 한다.

치열한 경쟁 사회에 살고 있는 한국인 대다수는 집에 머무는 시간이 턱없이 짧다. 해 뜨기 전에 집을 나서서 캄캄한 밤에야 귀가하는 직장인들에게 집은 하숙집으로 변해 버렸다. 반면 핀란드 사람들은 "가족과 알콩달콩 행복하게 사는 것이 삶의 목표"라며 직장이 끝나면 바로 집으로 돌아와 가족과 함께 시간을 보낸다.

한때 국내에선 '북유럽 스타일' 인테리어가 유행처럼 번진 적이 있다. 하지만 그 안에 담긴 가족에 대한 사랑은 빠진 채 겉모습만 좇았던 것은 아닐까. 핀란드는 남에게 과시하는 것을 꺼리는 문화라 값비싼 옷이나 차를 사기보다는 가족들과 함께하는 공간을 꾸미는 데 더 많은 비용과 시간을 들인다고 한다. 그러한 철학은 배우지 않고, 가족이 함께하는 집조차 남에게 보여 주기 위한 목적으로 돈과 시간을 들여 의미 없이 포장하고 있는 것은 아닌지 돌아보게 되었다.

어쩌면 우리가 북유럽 스타일에 열광하고 따라 하려 했던 것은 그들의 라이프 스타일에 대한 동경에서 비롯된 것은 아닐까? 여론조사 기관인

갤럽이 2005~2009년 사이 155개국 시민을 대상으로 설문조사를 했더니, 덴마크·핀란드·노르웨이·스웨덴 순으로 '세계에서 가장 행복한 나라' 1~4위를 차지했다는 기사를 본 적이 있다. 그들의 인테리어 스타일을 모방해서라도 우리는 행복해지고 싶었는지도 모른다.

북유럽인들에게 경쟁에서 이겨 명성을 얻는 것은 인생에 있어 가장 큰 가치가 아니다. 물건을 만드는 사람은 그 물건을 사용하는 사람들을 먼저 생각하고 그들에게 이로운 제품을 생산한다. 마리메코를 비롯한 북유럽 제품들에는 '모든 사람을 위한 디자인'이라는 철학이 담겨 있는 것이다.

긴 겨울을 잘 견디고 행복하게 보냈으면 하는 마음은 디자인에 고스란히 담겨 침대 위에도, 밥을 먹는 그릇에도, 외출하는 신발에도 살아 있다. 그런 제품으로 가득한 집 안은 당연히 사랑이 넘치는 공간이 될 수밖에 없지 않겠는가.

내가 파는 상품이 어떤 영향을 줄 것인가

마리메코의 사람을 향한 디자인을 보며 많은 시간을 보내고 나니 급속하게 허기가 져 밥을 먹기 위해 1층으로 내려왔다. 핀란드 음식뿐만 아니라 다양한 나라의 음식 냄새가 후각을 자극했다.

하카니에미 시장 주변에는 세계 각지에서 온 외국인들도 많이 살고 있는데, 이들은 시장으로 진출해 자기 나라의 음식과 식재료를 판매하고 있었다. 특색 있는 외국 식재료나 음식을 파는 상점이 많아서, 단조로운 핀란드 음식을 벗어나 보고자 하는 현지인들도 이곳을 많이 찾는다고 한다. 일본, 중국, 태국 등 아시아 식재료 상점도 많이 들어와 있었다.

이 사실을 알게 해주는 영화 한 편이 있다. 일본 영화 〈카모메 식당〉이다. 삶의 의욕을 잃어버린 여자 주인공 미사코는 말한다.

"무작정 먼 곳으로 떠나고 싶어."

그래서 눈을 감고 지도를 찍어 도착한 곳이 핀란드였고, 이 낯선 나라에서 그녀는 친구를 만나고 음식을 만들며 말끔히 치유된다. 소박하고 착한 음식과 한적한 핀란드 풍경이 어우러진 이 영화는 핀란드의 속살을 그대로 보여 준다.

일본에서 온 미사코는 핀란드 사람들과 교감하며 음식에 담긴 인생과 철학도 함께 전해 준다. 소소한 일상 속에 숨어 있는 행복의 맛을 전해 주는 영화이다. 그런 그녀가 사람들의 마음을 치유하는 음식을 만들기 위해 식재료를 사러 자주 들렀던 시장이 바로 이곳이다.

청정한 자연을 그대로 옮겨 놓은 듯 살아 있는 식자재들이 가득하고 그 식재료로 음식을 만드는 식당이 함께 있는 하카니에미 마켓 홀. 영혼이 살아 있는 식자재로 만든 음식은 사람의 생명을 살릴 수 있다. 그렇게 시장은 바로 사람들의 생명과 직결된 곳이다. 내가 파는 상품으로 인해 누군가 건강이 나빠질 수도 있다는 생각을 하면 아무 물건이나 함부로 팔 수 없을 것이다. 반대로 내가 만든 음식과 상품을 먹고 누군가가 건강을 회복하고 삶의 희망을 찾는다면 돈을 버는 것 이상의 의미를 얻을 수 있을 것이다.

Finland

Helsinki

엄마가 가족에게
주고 싶은 것만 팝니다

핀란드 유기농 슈퍼마켓 안톤 앤 안톤 (Anton & Anton)

헬싱키에서 요즘 가장 잘나가는 유기농 슈퍼마켓이다. 여기서 판매되는 제품들은 대부분 헬싱키 주변의 농장에서 직접 확인하고 가져온 것이다. 홈페이지에 들어가면 거래하는 농장의 리스트를 확인할 수 있다.

주소 Museokatu 19, Helsinki
홈페이지 http://www.antonanton.fi

핀란드
유기농 슈퍼마켓 안톤 앤 안톤 Anton & Anton

핀란드 헬싱키 현지인들에게 사랑받고 있다는 유기농 슈퍼마켓 한 곳을 찾았다. 얼핏 보면 카페 같기도 한 슈퍼마켓에 들어서니 검정색과 흰색의 줄무늬 티셔츠를 입은 점원들이 수줍은 눈인사를 건넸다. 천천히 매장 내부를 둘러보는데, 요란한 진열 테크닉도, 화려한 장식도 없이 상품들이 스스로 빛을 내고 있었다. 또한 밭에서 진열대로 순간 이동이라도 한 듯 싱싱했다.

이 작고 사랑스러운 슈퍼마켓의 이야기가 궁금해졌다. 핀란드에 사는 후배에게 물어보니 이곳은 니나 히에탈라티Nina Hietalahti라는 평범한 주부가 만든 유기농 슈퍼마켓이라고 했다. 그녀는 아이를 낳고 평소처럼 장을 보러 슈퍼마켓에 갔다가, 문득 영혼 없는 대형 슈퍼마켓에 화가 났다고 한다. 그래서 가족들이 마음 놓고 건강한 농수산물을 사 먹을 수 있는 곳을 스스로 만들게 되었단다. 가게 이름도 자신의 아들 이름을 딴 '안톤 앤 안톤'이다.

생명과 영혼이 담긴 상품

이 슈퍼마켓의 콘셉트는 '엄마가 가족들에게 주고 싶은 것들'이다. 그녀가 어릴 때 시장에 가면 어머니는 시장에서 팔고 있는 상품 하나하나에 담겨 있는 이야기들을 들려주었다고 한다.

"이건 이 동네에서 가장 솜씨가 좋은 ○○네 아줌마가 만든 치즈야."

162

● ● 안톤 앤 안톤을 만든 니나 히에탈
리티와 식자재를 공급하는 생산자.

"올해는 ○○ 아저씨네가 수확한 감자가 제일 맛있단다."

어렸을 때 엄마 손잡고 갔던 영혼이 가득한 전통시장의 장보기를 그녀
는 이곳에서 재현하고자 했다.

실제로 이 가게의 상품들은 대부분 헬싱키 근처에서 가지고 온 농수산
물이다. 그녀의 홈페이지에 들어가면 직거래하는 농장의 리스트를 살펴볼
수 있고, 농부와 함께 찍은 사진들도 올라와 있다. 그녀가 직접 산지로 가
서 제품의 질을 확인하고 거래한다고 한다.

안톤 앤 안톤에서는 플라스틱이나 비닐로 포장된 상품도 찾아볼 수 없
다. 모두 친환경 종이나 노끈을 사용하고 있었다. 산지의 고기, 야채, 생선,
치즈들이 날것 그대로 진열되어 있으니 보는 순간 푸줏간에 온 것 같은 느

ⓒ 슈퍼마켓 홈페이지

낌을 받았다. 건강함과 생명력을 느낄 수 있는 제품들이 선반 가득 채워져 있었다.

화려한 간판도, 요란한 진열도 없이 조그만 간판 하나로 생명과 이야기가 가득 담긴 상품을 파는 이 가게는 더이상 작은 가게가 아니다. 과도한 마케팅으로 조작하지 않고 화학조미료로 점철되지 않은 맨 얼굴의 상품을 파는 이곳은 그 어떤 대형 상점보다 크고 의미 있는 곳이다. 사람을 살리는 이런 착한 가게를 사랑하지 않을 이유가 있을까?

한국의 많은 영세 슈퍼마켓들이 대형 유통업체들의 골목상권 침투로 어려움을 겪고 있다. 대형 유통업체와 똑같은 마케팅과 정책으로는 그들을 이기기가 힘들다. 해답은 오히려 그 반대편에 있다는 것을 이 작은 슈퍼마켓은 우리에게 알려 준다. 무엇보다 스스로 왜 내가 이 상품을 팔고 있는지에 대한 본질적인 물음을 던져 보면 답을 얻을 수 있지 않을까.

그것은 바로 '사랑과 영혼'이다. 데미 무어와 패트릭 스웨이지가 주연을 맡아 대히트를 기록한 영화 제목과 같다. 대형 마트들은 제품의 질보다 가격으로 승부한다. 더 싸게, 더 많이. 품질과 영혼은 뒷전인 것처럼 보인다. 그렇다면 그들이 가지고 있지 않은 상품의 영혼을 팔아 보면 어떨까? 자식에게 좋은 것만 먹이고 싶은 엄마들에게 영화 〈사랑과 영혼〉처럼 히트를 치게 될지도 모른다.

옆 가게가 아니라 정직함과 경쟁합니다

앞서 소개했던 하카니에미 마켓 홀과 안톤 앤 안톤 슈퍼를 둘러보면서 나는 시장의 진정한 본질이 무엇인가를 다시 생각했다. 각종 방부제와 첨가물로 범벅된 영혼 없는 상품들을 팔 것인가? 사람의 생명을 살리는 상품을 팔 것인가?

한국의 많은 전통시장들이 시설을 현대화하고 마케팅에 열을 올리면서 그 안에 숨어 있는 진정한 가치를 놓치고 있지는 않은지 묻고 싶어졌다. 시장의 본질이 무엇인지, 자신들이 팔고 있는 것들이 그것을 사고 입고 먹는 이들에게 어떤 영향을 줄 것인지 다시 한 번 고민해 봐야 한다.

핀란드 하카니에미 마켓 홀에서 파는 블루베리는 모두 가격이 같았다. 옆집보다 싸지도 비싸지도 않았다. 산지에서 정직한 제품을 가져와서 적정한 이익을 남길 뿐이었다. 왜 조금이라도 가격을 더 싸게 매겨서 경쟁하지 않는 것일까?

"우리는 옆 가게와 경쟁하지 않아요. 오직 스스로의 정직함과 경쟁할 뿐입니다."

그 한마디는 나를 일깨우는 죽비 소리처럼 다가왔다. 경쟁 사회를 살면서 어떻게 서로 경쟁하지 않을 수 있겠는가. 하지만 경쟁보다 우선되어야 할 것은 상품에 대한 정직함이다. 사람을 살리는 식재료를 팔아야 시장이 살아난다. 이러한 식재료를 팔기 때문에 백 년의 세월을 이기고 지금까지 사랑받는 것이다.

★ Budapest

Hungary

온기를
팝니다

헝가리 부다페스트 중앙시장(Központi Vásárcsarnok)

●●   19세기 말에 지어진 부다페스트에서 가장 큰 실내 시장. 1층에서는 각종 농수산물, 과일 및 신선 식품을 팔고, 2층에는 다양한 수공예품 매장과 간단하게 식사를 할 수 있는 식당이 있다. 오전 6시에 문을 열어 월요일은 오후 5시까지, 화~금요일은 오후 6시까지, 토요일은 오후 2시까지 운영한다. 일요일은 쉰다.

주소 1093 Budapest, Vámház Körút 1-3
(트램 47, 48, 49N을 타고 푀밤(Fövám)에서 하차)
홈페이지 http://www.piaconline.hu

헝가리 부다페스트
중앙시장 Központi Vásárcsarnok

       부다페스트의 시체니 다리는 드라마 〈아이리스 2〉의 배경이 된 곳으로 유명하다. 여배우 임수향이 이곳에서 뛰어내리는 장면을 촬영했다. 시체니 다리는 유럽에서 가장 아름다운 다리이기도 하지만 부다와 페스트를 잇는 상징적인 다리로서의 의미가 더 크다. 이 다리를 기준으로 서쪽에 자리 잡은 부다는 귀족과 부호의 영역, 동쪽의 페스트는 상인들의 활동 무대였다. 19세기 후반에야 두 도시가 합쳐지며 부다페스트가 되었다.

    그 유래를 살펴보면, 부다에 살고 있던 부호 시체니 백작은 폭풍우가 몰아치는 새벽, 페스트 지역에 살고 있는 아버지가 위독하다는 소식을 듣게 된다. 다음 날 아침 배를 타고 강을 건너려 했지만 강물이 불어 가지 못했고, 결국 며칠이 지나도 물살이 가라앉지 않아 아버지의 임종을 지키지 못하게 되었다. 그 일로 백작은 영국의 에펠탑을 설계한 윌리엄 클라크에게 의뢰해 시체니 다리를 건설했다고 한다.

    시체니 다리에서 바라보는 야경만큼이나 인상적인 부다페스트의 명물을 나는 시장에서 만났다. 바치 거리는 한국의 명동과 비슷한 부다페스트 최대의 번화가이다. 이곳을 따라 남쪽으로 내려오면 길 끝에서 부다페스트의 가장 크고 오래된 전통시장인 중앙시장을 만나게 된다.

    1897년 개장한 이 시장은 전통시장이라고 하기에는 상당히 위엄이 느

껴지는 건축물이다. 정문은 네오고딕 양식으로 웅장하게 만들어졌으며 내부는 철 구조물로 되어 있다. 시장은 지하 1층, 지상 1, 2층으로 구분되어 있으며, 1층에서는 고기, 야채, 빵, 초콜릿, 향신료, 술, 캐비어 등을 판매한다. 2층에는 의류, 액세서리, 그릇 매장과 다양한 요리를 파는 식당이 있다.

피클과 미소가 만나 명품이 되다

부다페스트 중앙시장에서 가장 인상 깊었던 곳은 지하 1층의 헝가리 김치 가게였다. 물론 한국 김치와 같은 모양은 아니다. 헝가리 사람들이 김치처럼 매 끼니마다 빼놓지 않고 먹는 음식이 있으니, 바로 각종 야채로 담근 피클이다. 맛도 맛이지만 이 피클의 다양한 표정이 나를 매혹시켰다.

양파 피클에 고추를 잘라 웃는 입을 만들고, 후추로 눈을, 파프리카로 머리를 만들어 미소 머금은 피클을 만든 것이다. 미소 피클만 있는 것이 아니었다. 다른 통에는 코 큰 아저씨, 튤립, 나비 모양 등 피클 하나에도 혼을 담아서 파는 모습이 시체니 다리만큼이나 감동적이었다.

우리나라 사람들이 즐겨 먹는 김치를 외국인의 눈으로 보면 붉은 고춧가루에 버무려진 야채로밖에 안 보일 것이다. 우리 김치도 외국인들에게 좀 더 친근하게 다가갈 수 있도록 표정을 담아 만들어 보면 어떨까 하는 생각이 들었다.

관광객을 위한 소포장 양파 피클을 하나 사서 먹어 보았다. 눈 장식을 빼먹을 때 약간 미안한 마음이 들긴 했지만, 다 먹을 때까지 즐거움이 가시지 않았다. 중앙시장이 부다페스트의 관광 명소 중 하나로 자리 잡은 이유를 알 것 같았다. 자신의 상품에 혼과 열정을 담아 단순한 상품 이상의 가치를

● ● ● 부다페스트 중앙시장의 피클 가게. 피클 하나에도 표정을 담았다.

파는 상인들이 있기 때문이었다.

모든 사람이 평범한 양파 피클을 담글 때 누군가는 양파 위에 표정을 만들어 세상에 하나밖에 없는 미소 피클을 만들어 냈다. 혼이 담긴 유일하고 압도적인 상품의 탄생은 사랑에서 시작된다.

'이 피클을 먹는 사람들이 즐겁고 행복해지면 좋겠다. 그림 미소를 그려 넣어 볼까? 그러면 그걸 먹는 순간이 더 행복하고 즐겁겠지?'

이 생각을 하며 피클을 만드는 동안 그 가게 주인 또한 행복하지 않았을까.

음식을 만드는 사람의 기운은 그것을 먹는 사람에게도 그대로 전해진다. 세상을 보는 관점이 나에게 있지 않고 그것을 먹는 사람, 사 가는 사람을 향해 있으면 혼이 담기고, 세상에서 유일한 명품이 탄생한다. 그 명품은 사람의 마음을 움직인다. 그리하여 그 미소 피클을 만든 상인은 '기능인'이 아니라 '장인'이 되는 것이다.

기능인이 될 것인가, 전문가가 될 것인가?

얼마 전 한국비주얼머천다이징협회^{KVMD}에서 강연을 하게 되었다. 예전에는 협회 행사가 소수의 이 분야 종사자들만의 모임으로 끝났지만, 최근 회장단이 바뀌면서 일반인과 학생을 위한 무료 세미나를 개최하고 사회적 기업의 개점 행사에 재능을 기부하는 등 대중들에게 이 분야를 더 알리기 위해 노력하고 있다.

한동안 협회에서 갈등을 빚은 사항은 VM, VMD라는 호칭 사용의 문제였다. 한쪽에서는 비주얼 머천다이징을 그대로 해석한 VM이라고 해야 한다고 했다. 다른 한쪽은 모든 사람이 머천다이저^{Merchandiser}를 MD라고 부르니 비주얼 머천다이저^{Visual Merchandiser}, 그러니까 일반적으로 통용되는 VMD라고 하는 게 더 옳다고 했다. 이렇게 의견이 서로 갈려서 VM이라고 하는 곳도 있고, VMD라고 부르는 곳도 있다.

그런데 강의를 갈 적마다 VMD, VM에 대해서 한 번이라도 들어 보았거나 아는 사람 손들어 보라고 하면 한 명도 없다. 그 누구도 들은 적 없고, 알지도 못하는 어려운 용어를 왜 고집하는 것일까? 그래서 나는 스스로를 소개할 때 상품가치진열 전문가라고 말한다. 좋은 우리말도 있는데 굳이 VMD라는 어려운 말을 쓸 필요가 있을까 생각해서다.

● ● 모두가 평범한 양파 피클을 만들 때 누군가는 표정을 담아 세상에 하나밖에 없는 미소 피클을 만들었다.

나도 예전엔 VMD라는 말을 써야 더 폼 나 보이는지 알았다. 그래서 우리 연구소 이름도 이랑주VMD연구소다. 내가 하는 일의 의미가 무엇인지 진지하게 생각해 보지 않은 상태에서 지은 명칭이다. 이 상호에는 그렇게 이름 지을 수밖에 없었던 나의 한계가 드러나 있다. 이후 전통시장에서 상품진열을 하면서 내 일의 의미를 진지하게 고민하기 시작했고, VMD 대신 상품가치진열 전문가라고 나를 소개하기 시작했다.

전문가가 무엇인지에 대해서 진지하게 고민하기 시작한 것은 내 나이 마흔이 넘어서부터였다. 20년간 이 일을 해왔지만 스스로 전문가라고 내세우기에는 부족한 부분이 많음을 깨닫게 되었다. 그 분야에 오래 몸담았다고 저절로 전문가가 되는 것이 아닐 것이다. 그럼 도대체 어떤 사람을 전문가라고 하는 것일까? 내가 정하는 것일까, 다른 사람들이 정해 주는 것일까? 무엇보다 내가 이 일을 하며 세월만 보낸 사람인지, 진짜 전문가인지를 심각하게 고민했다.

고백건대 여행을 떠나기 전 나는 상품진열 기능인이었다. 정신없이 열심히 일만 하느라 내가 왜 이 일을 하는지에 대해서는 돌아볼 여유가 없었다. 처리하지 못한 일에 파묻혀 질식하지 않을까, 그저 하루하루 주어진 일을 해내느라 급급했다.

그러던 어느 날 TV를 보다 진짜 전문가를 만났다. 지금은 폐지된 SBS의 〈땡큐〉라는 프로그램인데, 그날 출연자는 비올리스트 리처드 용재 오닐이었다. 그는 방송 촬영 중 해풍이 불어오는 해안을 걷다가 전복, 성게, 돌미역 등을 손질하고 있는 해녀들을 만났다. 성게를 까서 낯선 사람들에게 한 입씩 먹여 주던 해녀 한 분이 용재 오닐에게 한마디 던졌다.

"등에 멘 거 기타요. 한번 울려 보이소."

비올라라는 악기는 매우 예민해서 소금기를 머금은 바닷바람에 노출되면 음이 달라지고 나무의 성질이 변해 형태 자체가 틀어질 수도 있다. 게다가 그 비올라는 일반인들이 상상하기도 힘들 정도로 고가였다. 하지만 그는 자신에게는 신체의 일부나 다름없는 비올라가 바닷바람에 손상되는 것도 개의치 않고 특유의 선한 웃음을 띠며 비올라를 꺼내 해녀들에게 〈섬집 아기〉를 연주해 주었다.

그런데도 해녀 할머니들은 별로 관심을 보이지 않았다. 미역을 뜯어 옆에 있는 잘생긴 차인표의 입에 넣어 주며 맛보라고 하는가 하면, 하던 일을 손에서 놓지 않고 부지런히 칼질을 했다. 할머니의 칼질 소리와 수다 소리, 파도 소리에 용재 오닐의 음악은 묻히는 듯했다. 하지만 얼마나 지났을까. 음악이 중반쯤 흘렀을 때 칼질을 멈춘 해녀 한 분이 그를 바라보며 "저 소리가 무신 소린지는 몰라도 아이고, 내 눈에서 와 눈물이 나노!" 했다.

바닷바람으로 깊게 패인 주름 사이로 흘러내리는 눈물을 보며 나도 울음이 터져 나왔다. 오늘도 구룡포 오징어 덕장에서 꾸덕꾸덕한 오징어를 말리고 계실 칠순 넘은 엄마의 얼굴이 거기 있었기 때문이다. 태어나서 한 번도 비올라 연주를 들은 적 없는 해녀 할머니가 그 소리를 듣고 눈물을 흘린 것은 그 안에 연주하는 사람의 영혼이 녹아 있었기 때문일 것이다.

장애를 가진 전쟁고아였던 그의 어머니를 입양한 미국인 할아버지, 할머니 밑에서 자란 용재 오닐. 그 역시 미국에서 생활하며 많은 차별과 아픔을 겪었을 것이다. 그랬기에 다른 사람의 아픔을 들여다볼 수 있는 힘이 생겨난 것이다. 화산 속 붉은 용암이 주변을 데워 따뜻한 온천을 만드는 것처럼 용재 오닐은 자신의 아픔을 음악의 온기로 승화시켰다. 아픔과 고통을 이겨 낸 사람의 온기는 세상을 원망하지 않고 보듬어 이롭게 할 때 더 빛을 발한다. 그리고 그와 같은 고통을 겪고 있는 이들과 공명해 아프고 사연 많은 이들에게 더 큰 울림을 준다.

나는 그 분야에서 한 가지 일을 오랫동안 해왔지만 온기가 없는 전문가들을 참으로 많이 보아 왔다. 하지만 용재 오닐은 달랐다. 그의 연주와 음악에는 영혼을 울리는 온기가 담겨 있었다. 그날 TV 화면 속의 용재 오닐을 보며 나는 전문가란 저런 모습이어야 한다고 생각했다.

VMD면 어떻고 VM이면 어떤가? 전문가는 자신이 하는 일을 전혀 모르는 사람에게조차 그것을 통해 감동을 줄 수 있어야 한다. VMD라는 말을 들은 적도, 본 적도 없는 시장의 고등어 장수 할머니를 상품진열로 감동시킬 수 있어야 진짜 전문가인 것이다. 상대를 대하는 태도에 온기 없이 그저 자기 만족에만 열중한다면 그는 전문가가 아니라 단순 기능인이다.

기능인이 될 것인가, 감동을 주는 전문가가 될 것인가? 기능인은 너무도 많지만 감동을 주는 전문가는 드물다. 가슴에 온기가 없는 기능인에게는 전문가라는 칭호를 붙여서는 안 된다고 생각한다.

온기, 명품을 만들어 내는 최고의 무기

한 식사 자리에서 방송국 PD님께 명함을 드렸다. 그랬더니 이런 답장이 왔다.

'V : very M : much D : dream 상품진열이라는 재능으로 다른 사람들

에게 희망과 꿈을 전해 주는 사람이 되길 바라겠습니다.'

카카오톡 박용후 이사님은 홍보 전문가라는 이름에 갇히지 않고 스스로를 '관점 디자이너'라고 소개한다. 얼마 전 만난 자리에서 '비주얼 머천다이저'란 말은 너무 어려우니 일반인들도 쉽게 이해할 수 있는 다른 이름을 한번 찾아보라고 조언해 주셨다. "상품진열로 사람의 관점을 바꾸는 일을 하니 '비주얼 관점 디자이너'는 어때요?" 하고 제안도 해주셨다. 그 후 한동안 주변 사람들에게 명칭 공모를 하고 다녔다.

비주얼 헌터 : 매의 눈을 가지고 상품의 장점을 발견해 내는 사람.
아이 캐처 : 사람의 눈을 사로잡는 사람.
가치진열 전문가 : 상품 이면에 숨어 있는 가치를 발견해 진열하는 사람.
비주얼 휴머라이즈 : 상품진열을 통해서 감동을 주는 사람.

아직 하나로 정하지 못해서 고민이다. 하지만 그보다 더 중요한 것은 전문가로 갖추어야 할 진정한 의미와 온기다. 평범한 양파 피클을 넘어 미소 피클을 만들어 낼 수 있었던 것은 그 상인의 마음이 손님에 대한 온기로 가득했기 때문일 것이다. 온기는 명품을 만들어 내는 최고의 무기다.

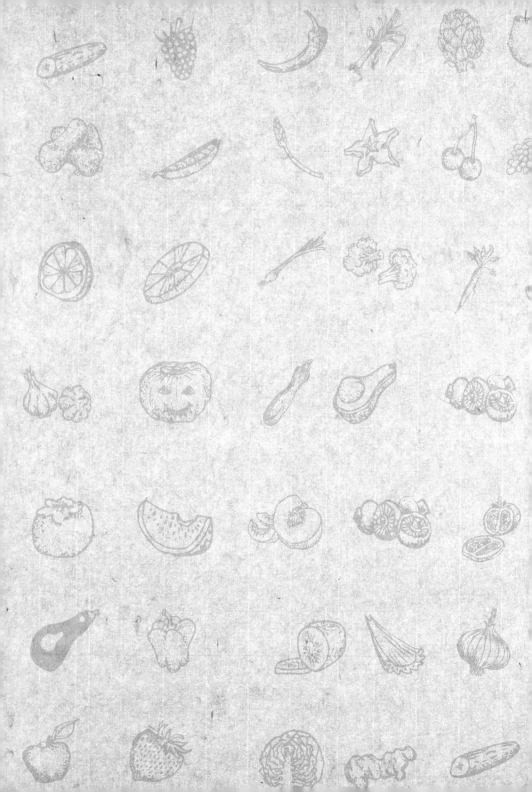

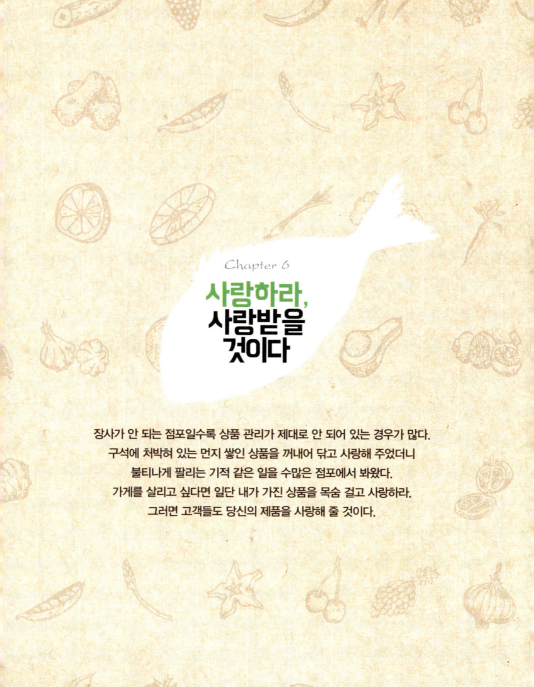

Chapter 6

사랑하라,
사랑받을
것이다

장사가 안 되는 점포일수록 상품 관리가 제대로 안 되어 있는 경우가 많다.
구석에 처박혀 있는 먼지 쌓인 상품을 꺼내어 닦고 사랑해 주었더니
불티나게 팔리는 기적 같은 일을 수많은 점포에서 봐왔다.
가게를 살리고 싶다면 일단 내가 가진 상품을 목숨 걸고 사랑하라.
그러면 고객들도 당신의 제품을 사랑해 줄 것이다.

Sweden

★ Stockholm

내가 가진 상품을
목숨 걸고 사랑하라

스웨덴 스톡홀름 오스터 푸드 홀(Östermalms Saluhall)

●●   1세기가 넘는 역사를 가진 실내 시장으로 전 세계 열 손가락 안에 드는 푸드 홀이다. 고퀄리티의 식자재를 공급하는 것을 최고의 자랑으로 내세운다. 오전 9시 30분에 문을 열어 월~목요일은 오후 6시까지, 금요일은 오후 7시까지, 토요일은 오후 4시까지만 운영한다. 일요일 휴무.

—

주소 Östermalmstorg, 114 42 Stockholm

홈페이지 http://www.ostermalmshallen.se

스웨덴 스톡홀름
오스터 푸드 홀 Östermalms Saluhall

북유럽을 여행하는 동안 비싸도 너무 비싼 물가 때문에 하루 두 끼로 버티거나 시장이 문 닫는 시간에 맞춰 가서 다음 날 먹을 것까지 한꺼번에 구입하는 방법으로 식비를 절약했다. 하지만 스톡홀름은 상상을 초월할 정도로 물가가 비싸서, 뭐 하나 사려고 집을 때마다 손이 벌벌 떨렸다. 스웨덴의 롯데리아라고 하는 '맥스버거'에서 세트메뉴 두 개를 시켰더니 4만 원이 넘게 나왔다.

도대체 이 나라에서 무엇을 먹어야 하는 걸까? 싸고 맛있는 음식을 찾아서 스톡홀름 시내 한복판에 있는 푸드 홀을 찾아갔다.

스톡홀름 미식가들의 자랑

스톡홀름의 가장 번화한 거리를 따라 올라가다 보면 스웨덴 대표 백화점인 NK가 나온다. 그 옆에 세월의 흔적을 고스란히 발산하는 붉은 벽돌로 된 건물이 서 있다. 이곳이 바로 1888년에 지어진, 스톡홀름에서 가장 아름다운 벽돌 건물이라는 오스터 푸드 홀이다. 얼핏 보면 요새처럼 보이기도 하지만, 둥근 아치 입구가 딱딱한 이미지를 보완해 주고 있다. 입구 위에 붙은 푸른색 철 구조물 간판은 붉은 벽돌과 보색 대비를 이루며 멋스러움을 더해 준다.

시장 내부에 들어서니 밖에서 보던 고즈넉한 풍경은 사라지고 음식을

●● 세계 7대 푸드 홀 중 하나인 오스터 푸드 홀.
그중에서도 리사 식당은 해마다 미슐랭 가이드에 오르는 맛집이다.

먹고 있는 사람들과 줄 서서 빈자리가 나오기를 기다리는 사람들로 가득
차 활기가 넘쳤다. 나지막한 상점들과 달리 시장의 천장이 매우 높았는데,
공기가 잘 통하게 해 각종 음식 냄새를 환기시키기 위함이라고 한다. 또 시
장 전체를 감싸고 있는 두꺼운 벽돌이 열을 차단해 시장 내부에 적정한 온
도를 유지시켜 준다고 했다.

　높은 천장 아래 짙은 갈색 나무로 만들어진 식당들은 여느 고급 레스토
랑 못지않은 클래식한 멋을 자랑하고 있었다. 배고픈 이방인의 눈에 비친,
따뜻한 조명 아래 테이블에서 담소를 나누며 음식을 즐기는 사람들의 모
습이 더없이 행복해 보였다. 그런데 식사 중인 사람들 사이로 젊은 넥타이
부대가 눈에 들어왔다. 시장 음식들이 근처 백화점이나 사무실에서 일하는
오피스맨들의 기호에 잘 맞추어져 있음을 알 수 있었다.

실내 음식시장인 오스터 푸드 홀은 스톡홀름 미식가들의 자랑이다. 2007년에는 세계 7대 푸드 홀로 선정되었고 영국의 유명한 요리사 제이미 올리버가 극찬을 아끼지 않았던 곳이기도 하다. 이 시장에서 가장 많은 비중을 차지하는 것이 해산물 식당인데 그중에서도 '리사 식당Lisa Elmqvist'은 해마다 미슐랭 가이드에 오르는 맛집이다. 입구에서부터 긴 줄이 늘어서 있어 그 명성을 짐작할 수 있었다.

이곳은 조리가 된 음식을 파는 레스토랑과 식재료를 파는 상점으로 나뉘어 있는데, 로컬 푸드local food를 고집하는 것으로 유명하다. 먼 곳에서 가져온 식재료는 신선도를 유지하기 어렵고, 신선하지 못한 재료로는 아무리 솜씨를 발휘해 봐야 맛이 안 나기 때문이라고 한다. '가까운 곳에서 생산되는 식재료로 만든 음식이 가장 맛있다'는 것이 그들의 장사 철학이었다.

사랑하라, 사랑받을 것이다

송글송글 물방울이 맺힌 과일과 야채들이 너무나 사랑스러워 한 가게 앞에서 나도 모르게 발길이 멈췄다. 나무 바구니에 소복이 담긴 과일과 야채들은 한눈에 봐도 갓 수확한 듯 싱싱해 보였다. 내가 연신 카메라를 들이대며 사진을 찍어도 주인은 미소만 보낼 뿐 과일과 야채 손질에 여념이 없었다.

고추를 하나하나 정성스럽게 쌓아 올리고, 토마토는 하얀 거즈로 깨끗이 닦아서 진열해 놓았다. 호박도 감자도 고구마도 모든 제품이 먼지 한 톨 없이 깔끔했다. 더 이상 손질할 것이 없어 보이는데도 주인은 잠시도 가만히 있지 않고 과일을 닦고 야채에 물을 뿌렸다. 이 가게의 과일과 야채가 이렇

●● 나무 바구니에 정성스럽게 담긴 과일과 야채들.
주인에게 사랑받는 상품은 고객에게도 사랑받는다.

게 사랑스러운 이유를 알 것 같았다.

주인에게 사랑받는 상품은 고객에게도 사랑받을 수밖에 없다. 상품은 주인의 마음을 닮는다. 상품은 주인의 사랑을 받을수록 빛을 내며, 그 빛은 고스란히 고객에게 전달되어 마음을 움직인다.

점포 컨설팅을 가보면 먼지가 뽀얗게 앉은 제품들을 자주 만나게 되는데, 그때마다 그 아이들이 나에게 이렇게 말을 거는 듯하다.

'나 좀 구출해 주세요. 괜찮은 상품인데 이곳에 처박혀 있어요. 나도 사랑받고 싶어요. 조금만 닦아 주고 사랑해 주면 나도 고객들에게 불티나게 팔리는 대박 상품이 될 수 있어요.'

● ● 생선 가게의 젊은 상인. 청년 상인들의 적극적인 자세는 시장에 활기를 더해 주고 있다.

장사가 안 되는 점포일수록 상품 관리가 제대로 안 되어 있는 경우가 많다. 먼지가 쌓여 있는 상품은 자신이 가진 고유한 매력을 발산할 수 없다. 구석에 있는 '아이들'을 꺼내어 닦고 사랑해 주고 칭찬해 주었더니 하찮게 보였던 상품도 불티나게 팔리는 기적 같은 일을 수많은 점포에서 봐왔다.

나는 상품진열을 할 때마다 늘 그 제품에게 말을 건다. "아이구 이뻐라, 넌 어쩜 이렇게 색상이 곱니", "너 정말 멋지다", "너는 손님들에게 많은 사랑을 받을 거야" 등등. 그렇게 관심받고 사랑받은 아이들은 거짓말처럼 대박 상품이 된다.

가게를 살리고 싶다면 일단 내가 가진 상품들을 목숨 걸고 사랑하라. 그러면 고객들도 당신의 제품을 사랑해 줄 것이다.

청년 상인들로 넘치는 '활기'

이곳은 육류, 해산물, 치즈, 과일, 채소 등을 파는 소매점과 베이커리, 카페, 레스토랑 등 서른 개 남짓한 작은 상점들로 이뤄져 있다. 시장의 역사나 형태, 기능과 상점들의 구성을 보면 우리나라의 전통시장과 여러 면에서 닮아 있지만, 한국과 구별되는 가장 큰 특징은 이곳을 이용하는 생산자, 판매자, 소비자의 연령층에 있다.

깔끔하게 유니폼을 차려입은 젊은 사장님들은 고객과 쉴 틈 없이 웃으며 이야기를 나누고 있었다. 생소한 언어리서 낄 일아들을 수는 없었지만 상품 설명을 상세히 하고 있는 듯 보였다. 한 생선 가게 앞에서 사진을 찍으려고 하니, 잘생긴 청년이 거대한 생선 입을 열어 보이며 사진을 찍으라고 포즈까지 취해 주었다. 젊은 상인들의 적극적인 자세는 시장에 활기를 더해 주고 있었다.

상점을 운영하는 점주들의 경우 이삼십 대 젊은 층의 비율이 매우 높았다. 북유럽 국가들이 상대적으로 다른 나라에 비해 학력이나 직업에 따른 임금 차이가 작고 직업에 대한 사회적 편견도 적다는 것은 널리 알려진 사실이다. 이러한 사회적 인식의 영향인지 전통시장에서 젊은 층의 활동이 매우 활발했다.

부산 깡통시장의 젊은 바리스타처럼 전통시장에서 창업하는 젊은이들이 곳곳에서 생겨나려면, 무엇보다 소상공인에 대한 사회적 인식 개선이 필요할 것이다. 더불어 시장에 있는 선배 상인들이 적극적으로 자신의 노하우를 전수해 주는 '경험 나눔'도 필요하지 않을까?

음식이 아니라 행복한 시간을 팝니다

시장을 둘러본 뒤 점심을 먹으러 친절한 미소의 젊은 요리사가 있는 식당으로 들어갔다. 해산물과 감자 요리를 주문했다. 음식은 담백하고 맛있었다. 해산물 하나하나의 식감이 살아 있어 입안 가득 바다의 향이 느껴졌다. 음식에 화려한 장식이나 특별한 플레이팅은 없었지만, 재료 본연의 맛으로도 충분히 감동적이었다.

스웨덴 요리는 전통적으로 조리법이 단순한 편이다. 생선, 특히 청어와 육류, 감자가 주요 재료로 쓰이는데 향신료의 사용이 적다. 식재료가 싱싱하기 때문에 향신료나 조미료를 많이 쓸 필요가 없다는 것이다.

오스터 푸드 홀의 식당과 상점들은 대를 이어 패밀리 사업으로 운영되는 곳이 많은데, 이곳의 상인들은 질 높은 식자재를 공급하고 신선하고 좋은 재료로 음식을 만든다는 원칙을 고수해 왔다. 무엇보다 그들은 음식을 먹는 고객들의 시간을 행복하게 만들고 싶다고 했다. 음식이 아닌 행복한 시간을 파는 식당인 것이다.

이들의 남다른 장사 철학과 진정성은 대를 이어 가며 켜켜이 쌓여 상점의 전통이 되었고, 대를 이어 이곳을 찾는 이들을 감동시키고 있었다. 신선한 식재료에 마음을 담아 만든 음식을 먹은 사람들은 어제보다 오늘 더 건강하고 행복해질 것이다.

Greece

Athens

상품에 대한 자신감을
눈으로 알게 하라

그리스 아테네 중앙시장(Athens Varvakios Market)

●● 　　오모니아 광장과 모나스티라키 광장을 연결하는 아티나스 거리에 있다. 정육점과 청과물을 파는 가게가 많고 가격도 저렴한 편이다. 오전 8시에 문을 열어 오후 6시에 닫으며, 일요일은 영업을 하지 않는다. 일요일이면 모나스티라키 광장 주변에 벼룩시장이 선다.

주소 Konstantinou Kanari 18, 10674, Athens
(지하철 모나스티라키 역 하차 도보 15분)

그리스 아테네
중앙시장 Athens Varvakios Market

그리스 아테네 모나스티라키 역 앞 광장에서는 일요일 오전마다 벼룩시장이 열린다. 시장 상점들이 문을 열기 전에 펼쳐지기 때문에 오후의 시장과는 다른 볼거리가 있다. 플라카 거리와 마찬가지로 문을 닫은 상점들의 셔터에는 작가들의 작품이라고 해도 손색이 없을 정도로 다양하고 재미있는 그림들이 그려져 있어, 시장 거리를 활기차게 만들어 준다. 또 시장 주변에 저렴한 숙소와 식당이 많아서 배낭여행객들이 많이 찾는 곳이기도 하다.

이곳에 가면 수블라키Souvlaki 같은 아테네 전통 요리를 노천 식당에서 맛볼 수 있다. 수블라키는 우리말로 꼬치를 뜻하는데, 생선, 채소, 과일 등의 재료를 꼬치에 꿰어 그릴이나 오븐에 굽는 요리이다.

입으로 팔지 말고 눈으로 팔아라

관광객이 붐비는 곳이 싫다면 아테네 중앙시장에 가보는 것도 좋다. 현지인들의 생활과 쇼핑을 구경할 수 있다. 아테네에서 가장 활기 넘치는 곳으로 그리스에서 생산되는 모든 고기, 생선, 야채, 허브, 스파이스, 치즈, 올리브가 이곳으로 온다. 그중에서도 육류와 생선이 상품의 주종을 이루는데, 이는 시장이 형성된 역사와 관계가 있다. 수세기 전 백정들의 노점상들이 이곳에 하나둘 생기면서 오늘의 시장이 형성되었다고 한다.

192

●● ● 정육점 점원들의 흰 유니폼은 한눈에 이곳이 전문적이고
신뢰할 만하다는 메시지를 전달한다.

　그런데 시장 입구에 들어서는 순간 매우 재미있는 모습이 눈에 들어왔
다. 정육점에 근무하는 모든 사람이 의사 가운 같은 흰색 유니폼을 입고 있
었다. 흰 유니폼으로 인해 육류를 손질하고 다듬는 모습이 훨씬 더 전문적
으로 보였다. 흰 가운을 깔끔하게 차려입은 수백 명의 점원들은 한눈에 이
곳이 가장 크고 전문적이며, 가장 신선한 육류를 파는 곳임을 강력하게 전
해 주었다. 이 정육 시장의 첫인상을 결정한 것은 바로 신뢰를 주는 흰색
유니폼이었다.

　정육 시장을 지나 과일 시장을 둘러보는데, 꼭지가 아래로 향하도록 진

●● 과일을 반으로 잘라 신선도를 직접 눈으로 보여 주는 진열.

열하는 우리나라와 달리 꼭지가 보이도록 토마토를 진열한 것이 눈에 띄었다. 과일의 꼭지를 보고 싱싱한지, 싱싱하지 않은지 한눈에 알 수 있도록 한 것이다.

그중에서도 단연 눈에 띄는 매장이 있었는데, 그곳은 토마토, 복숭아, 레몬 등의 과일을 반을 잘라서 진열하고 있었다. 첫눈에 이 가게의 과일이 속까지 얼마나 싱싱한지 알 수 있었다. 상품에 대한 자신감을 보여 주는 진열로 고객에게 첫인상을 심어 주는 것이다.

상품에 그만큼 자신이 있으니 가능한 일일 것이다. 우리나라 마트에서는 여름철 수박을 반으로 잘라서 반 통씩 판매한다. 그런데 한 통씩 쌓아 놓고 팔았을 때보다 반으로 자르고 난 뒤 한 통 수박이 더 많이 팔리는 현상이 벌어졌다. 그 이유는 반으로 잘린 수박의 붉은 속을 확인했기 때문이다. 그걸 본 고객이 믿고 한 통을 사가는 것이다.

입으로 "우리 가게 제품 좋아요", "달아요"라고 반복하기보다는 눈으로 직접 보여 주는 게 훨씬 더 빠른 전달 방법이다.

생선을 세워서 진열하다

그리스 생선 시장을 둘러보다가 깜짝 놀랐다. 한 가게에 시선이 고정되었다. 지금까지 국내에서 한 번도 본 적이 없는 진열 방법이었다. 생선을 세워서 진열해 두었는데 생선 한 마리를 뒤에 놓고 다른 한 마리를 ㄱ 생선에 기대어 세워 진열했다. 생선이 펄떡펄떡 살아서 곧 수면 위로 뛰어오를 것처럼 보였다. 한눈에 봐도 수평으로 얌전히 진열하는 것보다 훨씬 더 싱싱해 보였다.

처음 전통시장에 갔을 때 많은 생선 가게에서 생선을 직선으로 진열하고 있었다. 생선을 직선으로 진열하면 싱싱해 보이지 않는다. 직선은 고요를 상징하기 때문이다.

나이트클럽에 가보면 직선과 사선의 차이를 바로 알 수 있다. 블루스 타임에는 조명이 직선으로 내려온다. 왜냐, 조용히 둘이서 집중할 시간이 필요하기 때문이다. 반면 댄스 타임이 되면 사선으로 내려오는 조명이 사방을 비춘다. 사람들에게 활기를 불어넣어 더 활동적으로 움직이게 만들기 위함이다.

마찬가지로 생선도 사선으로 진열하면 살아 있는 듯 생동감이 느껴지며 훨씬 더 싱싱해 보이는 효과가 있다. 그런 이유로 마트나 백화점에서는 항상 생선을 사선으로 진열한다.

누구도 사선으로 생선을 진열하지 않는 전통시장의 생선 가게에서 나는 각도를 살짝 틀어 고등어를 사선으로 진열했다. 그 후 매출이 상승했다는 전화를 연신 받으며 시장 상인 분들에게 인기를 얻게 되었다. 사선 진열이 훨씬 효과적임에도 왜 전통시장 상인들 중 한 사람도 그런 생각을 하지 못했던 것일까? 그것은 지난 세월 동안 한 번도 사선으로 진열된 것을 보지 못했기 때문일 것이다.

나도 그랬다. 지난 20년간 생선 진열의 최고봉은 당연히 사선 진열인 줄로만 알았다. 그래서 백화점, 마트, 시장 할 것 없이 열심히 생선 머리를 사선으로 삐딱삐딱하게 틀어서 진열했다. 그 진열 방법이 정답인 것처럼 주장하고 다녔다. 그런데 그리스의 생선 가게에서는 생선을 세워 놓았다.

헉, 정말 믿을 수 없는 광경이었다. 생선을 세워 진열한 가게 앞에서 나는

●● ● 생선은 사선으로 진열해야 한다는 공식을 깬 아테네 중앙시장의 생선 진열법.

한동안 멍하니 서 있었다. 도끼가 머리를 내리친 듯 생각이 쩍 갈라지는 현상을 맛보았다. 이런 순간 깨달음이 일어나는 것일까? 그 자리에서 움직일 수가 없었다.

정답은 처음부터 없었다

지금까지 내가 정답이라고 믿고 주장했던 것들이 순식간에 정답이 아닐 수도 있다는 생각이 들었다. 아니, 처음부터 정답이란 없는 것인지도 모른다. 시대와 상황에 따라서 얼마든지 바뀔 수 있기 때문이다. 나는 반성했다.

그간 나는 내가 본 것, 내가 아는 것만이 정답이라 생각했다.

사람은 자신이 보지 않은 것은 아예 없는 것이라고 믿어 버린다. 어디엔가 분명히 존재하고 있음에도 자신이 보지 못했기 때문에 그 존재를 부정한다. 설사 어딘가 있다 하더라도 알고 싶지도 않고, 알기도 싫고, 지금 그대로가 편안한 것이다. 많은 것을 보고 그것을 자신의 것으로 만드는 사람은 위대하다. 하지만 보이지 않는 세계를 상상해 무엇인가를 만들어 내는 사람을 우리는 천재라 부른다.

화가 폴 호건은 존재하지 않는 것을 상상할 수 없다면 새로운 것을 만들어 낼 수 없으며, 자신만의 세계를 창조하지 못하면 다른 사람이 묘사한 세계에 머무를 수밖에 없다고 했다. 생선 세운 것을 본 적은 없지만 세워진 모습을 상상할 순 없었을까? 어딘가 더 나은 방법이 존재할 것이라고 상상할 수 있는 열린 사고와 내가 주장하는 것이 정답이 아닐 수도 있다는 넓은 마음만 있다면 어떤 분야에서든 위대해질 수 있다.

내가 생선을 세우지 못했던 이유는 세워서 진열된 것을 한 번도 보지 못했기 때문이다. 또 상상할 수 있는 여유를 나에게 주지 못했기 때문이다. 모든 답은 파괴되라고 있는 것이다. 모든 진열 방법은 새로움을 위해 파괴되어야 한다. 그러기에 더 나은 방법을 찾기 위해 늘 상상해야 하는 것이다.

한국으로 돌아와 친구네 작은 슈퍼에서 생선을 세워서 진열해 보았다. 처음 해보는 것이라 세우기가 쉽지만은 않았다. 하지만 몇 번의 시도 끝에 생선이 살아서 튕겨 올라가는 듯 세워서 진열했다. 발딱 세워진 생선들은 장을 보러 온 아주머니들의 발길을 세웠고, 그 많던 생선은 순식간에 팔려 나갔다. 생선 매대 앞에서 벌어진 대한민국 아줌마들의 적나라한 음담패설은 같은 아줌마인 나의 얼굴조차 뜨겁게 만들었다.

"야~ 생선이 발딱 서 있네."

"이거 우리 남편한테 좀 보여 줘야겠네요. 요거 찍어 가도 되죠?"

(더 높은 수위의 대화는 읽는 이의 상상에 맡긴다.)

세워서 진열된 생선은 많은 소비자들에게 이야깃거리를 만들어 주었고, 즐거움을 주었다. 새로움은 늘 충격과 즐거움을 동시에 선사한다.

세상 모든 일에는 정답이란 애당초 없는지도 모르겠다. 여행을 하면서 이곳에서는 옳은 것이 저곳에서는 나쁜 것이 되는 상황을 경험해 보았다. 정답은 나라마다, 지역마다 모두 다르고, 또 그 시대를 살아가는 사람들의 성향에 따라 달라진다.

하지만 한 가지 분명한 것은 삶에 대한 자신만의 각도를 가져야 한다는 것이다. 그것이 정답은 아니지만 해답이 될 수는 있다. 끊임없이 배우고 노력하고, 배운 것을 다시 파괴하는 용기야말로 인생을 살아가는 최고의 각도인 것 같다.

Brazil

Sao Paulo

상인들 모두가
제품 전문가

브라질 상파울루 중앙시장(Mercado Municipal)

●● 　상파울루 명소 중의 하나. '메르카도 무니시팔'은 시영 시장이라는 뜻이다. 브라질 전역에서 생산, 재배하는 농수산물과 과일들이 모이는 곳으로, 강가에 자리 잡고 있어 작은 배로 과일 등을 쉽게 운송할 수 있도록 만들어졌다. 오전 6시에 문을 열어 월~토요일은 오후 6시까지, 일요일은 오후 4시까지 영업한다.

주소 Street Rua da Cantareira 306, São Paulo
(지하철 사오 벤토(São Bento) 역 하차)

홈페이지 http://www.mercadomunicipal.com.br

브라질 상파울루
중앙시장 Mercado Municipal

세계 3대 폭포 중의 하나라는 이과수 관광을 마치고 14시간의 버스 여행 끝에 상파울루에 도착했다. 장기 여행자가 되고 보니 14시간 정도는 가뿐했다. 항구 도시 상파울루는 브라질의 수도는 아니지만 브라질이 세계 1위의 커피 생산국으로 성장하면서 커피를 중심으로 발전한 브라질의 경제 수도다.

브라질 전통시장에 대한 정보가 너무 없어 이리저리 찾다가 포기하고 현지인들에게 물어보아서 추천받은 곳이 상파울루 중앙시장이다. 현지인뿐 아니라 관광객들도 많이 찾는 시장이라고 했다. 택시에서 내려 시장 건물을 보고 깜짝 놀랐다. 길거리 노점상이 펼쳐질 줄 알았는데 눈앞에 대형 박물관을 연상케 하는 웅장한 건물이 버티고 서 있는 게 아닌가.

상파울루 구시가지 중심부에 위치한 이 시장은 4년간의 공사를 거쳐 1932년 완공되었는데, 당시 역사적인 헌법혁명이 일어나 무기 저장고로 쓰이기도 했다고 한다. 1933년 개장하였고, 2004년 대대적인 리노베이션 Renovation 을 거쳐 오늘날 퓨전 클래식 스타일의 건물이 되었다.

불편함과 무질서는 더 이상 전통이 아니다

시장 입구에 들어서면 성당에 가야 볼 수 있는 거대한 스테인드글라스 창문의 알록달록한 유리들이 빛을 반사하며 오묘한 한 폭의 그림을 선물

● ● 아치형 천장 아래 스테인드글라스로 장식된 상파울루 중앙시장 입구.

한다. 스테인드글라스에는 브라질 들판에서 농사를 짓고 농작물을 수확하는 농부들의 모습이 그려져 있었다. 아치형 천장 아래 통로를 따라 깔끔하게 정리된 점포들이 양쪽으로 늘어서 있었고, 천장이 높아서 그런지 시장 안에 많은 음식점이 있는데도 공기가 전혀 탁하지 않았다.

에스컬레이터 앞에는 백화점처럼 인포메이션이 있고, 푸른색 유니폼을 입은 남자 직원이 친절하게 안내를 해주었다. 1층에서는 과일, 야채, 와인, 치즈, 초콜릿, 소시지, 고기, 농수산물을 비롯해 각종 양념류까지 모든 식재료를 팔고 있었다. 메인 통로는 폭이 4~5미터 정도로 마트처럼 넓고 깨끗했다. 특이한 것은 통로보다 10센티미터 정도 높은 턱 위에 상점들이 있다는 것이다. 흔히 말하는 영업선인 것 같았다.

한국 전통시장에서도 고객 통로를 확보하기 위해 영업 한계선을 긋고 그 안에서만 물건을 내놓고 팔 수 있도록 했지만, 정확하게 지키는 곳이 드물다. 처음 실시했을 때는 조금 지켜지는가 싶었는데 옆집에서 10센티미터 앞으로 꺼내면 나는 15센티미터 앞으로 꺼내고, 그렇게 조금씩 나오다 보니 고객 통로가 실종되는 지경에 이르렀다. 그 결과 고객들이 시장에서 장보기가 점점 더 힘들어졌다.

이 시장은 아예 설계할 때부터 질서를 지키기 위해 인위적으로 고객 동선과 영업 동선을 분리해 버린 것이다. 장사를 하는 어떤 점주도 이 선을 지키지 않을 수 없도록 말이다.

또한 넓은 통로 중간중간에는 고객들이 음식을 먹을 수 있는 둥근 테이블들이 설치되어 있었다. 간단한 음식을 사서 그곳에서 먹을 수 있는 것이다. 빈자리가 없을 정도로 많은 사람들이 앉아 이 시장의 유명 먹거리인 볼로냐 샌드위치를 먹고 있었다. 샌드위치 하나가 어찌나 큰지 한 끼 식사로도 충분했다.

2층은 식당가로 구성되어 다양한 레스토랑들이 자리 잡고 있었다. 5백여 석 규모의 카페테리아는 언뜻 백화점 푸드코트를 연상시킬 정도로 정돈된 모습이었다. 브라질의 다양한 음식을 맛볼 수 있어 주머니 사정이 넉넉지 않은 여행객들도 많이 찾는 곳이다. 레스토랑에서는 흥겨운 남미 음악이 흘러나왔고 식사하는 사람들은 브라질 특유의 흥겨운 몸짓으로 리듬을 타면서 즐거운 시간을 보내고 있었다.

이곳은 시장의 신선한 식재료를 바로바로 가져다 만들어서 그런지 음식 맛이 좋기로도 유명하다. 2층 난간에 기대서서 기념 촬영을 하거나 1층을 내려다보며 시장 구경을 하는 사람들도 많았다. 활기가 넘치는 시장 풍경 때문에 현지인들도 이곳에 오면 구경을 하러 2층으로 올라온다고 한다.

상인들이 훌륭한 제품 전문가

1층에는 유난히 과일 가게가 많았다. 한국에서 흔히 볼 수 있는 사과, 배, 딸기 같은 평범한 과일뿐 아니라 정체가 궁금한 열대 과일들이 총천연색 빛을 내고 있었다. 재미있는 것은 과일이 보물이라도 되는 듯 하나하나 컬러풀한 색종이에 싸여 있다는 것이다.

한국에서 과일을 저렇게 진열하는 곳은 백화점 과일 매장뿐이다. 선물용으로 바구니에 담을 때 저렇게 정성스럽게 포장한다. 하지만 이곳은 전통 시장인데도 모든 가게가 과일에 알록달록 예쁜 종이 옷을 입혀 놓았다. 붉은 과일은 초록색 종이를, 노란 과일은 보라색 종이를 감싸 보색 대비로 과일 색상이 더욱 선명하게 보이도록 했다. 아무리 작은 과일이라도 정성스럽게 만든 종이 옷을 입고 있었다. 예쁜 옷을 입은 과일들은 나무 바구니 위에 탑처럼 쌓여 보석처럼 빛이 났다.

또한 과일을 파는 점원들은 모두 유니폼을 착용하고 있었다. 간판이 초록색이면 초록색 유니폼과 모자, 앞치마를, 간판이 주황색이면 수황색 유니폼을 입고 일을 했다. 가게마다 자신의 컬러를 정하고 그 색상을 간판과 유니폼에 적용해 통일감과 함께 신뢰를 주고 있었다.

이는 가장 기본적인 진열의 원리이기도 하다. 가만 생각해 보면 각 브랜

●● 간판 색과 같은 유니폼을 착용하고 상품에 대한
해박한 지식으로 무장한 과일 가게의 점원.

드마다 떠오르는 색이 있다. 이마트 하면 노란색, 홈플러스 하면 빨간색. 그
주제색을 반복해서 고객들에게 보여 줌으로써 자신의 브랜드를 각인시키
는 것이다. 우리 동네 전통시장의 두부 가게 하면 생각나는 색이 있는가?
간판은 흰색, 깔판은 빨간색, 앞치마는 초록색, 모자는 노란색. 주제색이 없
는 것이다.

　유니폼을 착용한 과일 가게 점원들은 작은 칼을 들고 즉석에서 과일을
잘라 고객들 입에 넣어 주었다. 단맛이 입안 가득 퍼졌다. 생전 처음 보는
과일이었는데, 맛을 보게 하더니 열심히 그 과일에 대해 설명해 주었다. 어
쩌면 저렇게 지치지도 않고 열정적으로 설명을 할까, 감탄이 절로 나왔다.

그 모습에 감동해 이름도 외우기 힘든 열대 과일 한 봉지를 샀다.

카메라를 들자 그 가게 점원은 웃으면서 매장 사진을 찍으라고 했다. 말은 잘 통하지 않아도 자신이 정성스럽게 진열한 과일을 자랑하고 싶어 하는 마음이 느껴졌다. 손으로 V 자를 그리며 과일 가게 앞에서 포즈를 취하는 모습에서 자신이 하는 일에 대한 자부심이 느껴졌다.

그들은 모두 자기가 판매하는 상품에 대한 해박한 지식을 가진 훌륭한 전문가들이었다. 또 그들이 착용한 유니폼은 과일 전문가로서 카리스마와 신뢰를 더해 주는 비주얼 커뮤니케이터의 역할을 하고 있었다.

브라질 전통 과자를 파는 매장은 투명 아크릴 케이스에 뚜껑을 덮어 위생적으로 진열하고 있었다. 과자를 색상별로 진열한 것도 인상적이었다. 또 각종 향신료를 파는 매장은 작은 봉지에 조금씩 담아서 처마에 주렁주렁 매달아 놓았고, 올리브유가 담긴 유리 용기들도 입구에서부터 천장 가득히 매달아 두었다.

매장이 협소해 진열 공간이 부족하니 바깥을 활용하여 주렁주렁 매달아 놓은 모습이 오히려 이 시장만의 독특한 매력으로 표출되고 있는 듯했다. 시장 곳곳에는 볼거리, 먹거리, 즐길 거리가 가득했다.

다시 찾은 질서로 고객에게 사랑받는다

브라질 상파울루 중잉시장은 편의시실을 새정비하며 상파울루 시민늘에게는 쇼핑과 만남의 명소로, 관광객에게는 미식 관광의 대표지로 떠올랐다. 이 시장은 가게를 정렬하고 규격화하면서 어지럽고 무질서한 전통시장의 난섬을 보완했다. 바닥에는 물기나 쓰레기가 없었고, 모든 상인들은 가게별로 유니폼을 입고 일했다.

　사실 브라질에 가기 전부터 무질서함과 불안한 치안에 대해 귀에 딱지가 앉도록 들은 터였다. 실제로 브라질 여행 중에 캐러멜 소스 테러를 당해 옷에 덕지덕지 갈색 소스가 달라붙어 애를 먹기도 했다. 하지만 상파울루 중앙시장은 내가 본 어떤 남미 시장보다 질서가 잘 지켜졌고, 상인들이 상품에 대한 해박한 지식과 전문성으로 고객을 응대하고 있었다.

　가장 무질서한 나라에서 가장 질서가 잘 지켜지고 있는 시장은 새로운 이벤트와 홍보 전략으로 변신에 변신을 거듭하고 있다. 상파울루 시청 주관하에 '상파울루 유기농 페스티벌'이 시장에서 열리고, 이 외에도 유기농과 식문화, 채식주의 등을 주제로 한 네 가지 포럼이 지속적으로 열리고 있다고 한다.

　거리에서는 브라질의 미래가 어둡게만 보였는데 시장에서 일하는 점원들의 환한 얼굴에서 브라질의 밝은 미래를 살짝 엿볼 수 있었다.

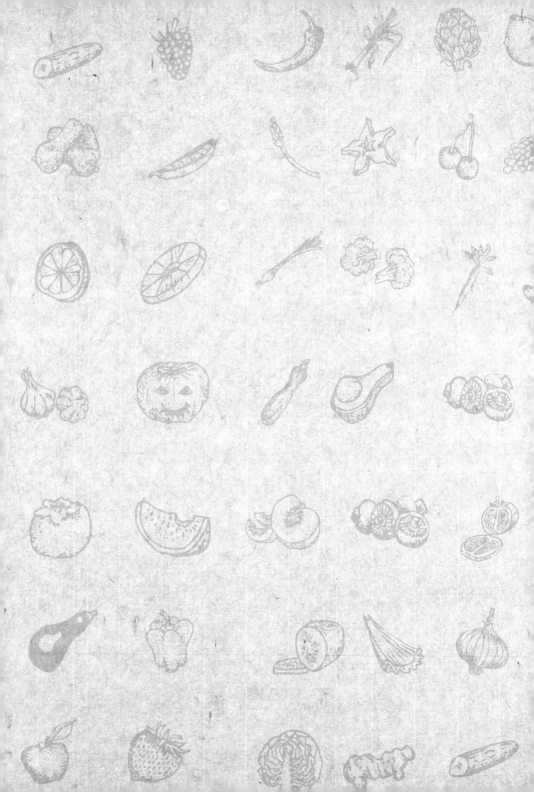

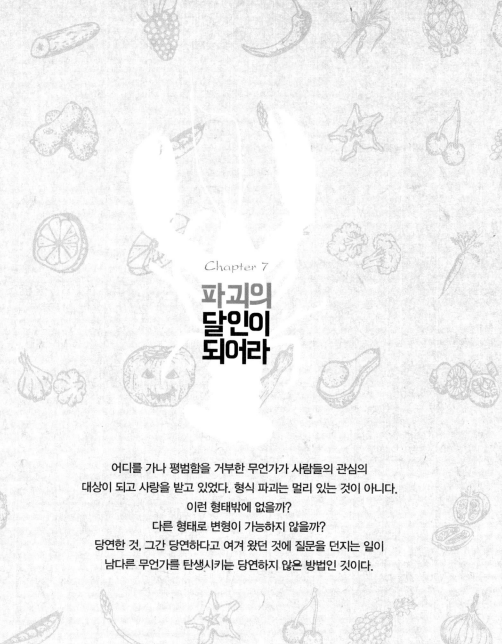

Chapter 7

파괴의
달인이
되어라

어디를 가나 평범함을 거부한 무언가가 사람들의 관심의
대상이 되고 사랑을 받고 있었다. 형식 파괴는 멀리 있는 것이 아니다.
이런 형태밖에 없을까?
다른 형태로 변형이 가능하지 않을까?
당연한 것, 그간 당연하다고 여겨 왔던 것에 질문을 던지는 일이
남다른 무언가를 탄생시키는 당연하지 않은 방법인 것이다.

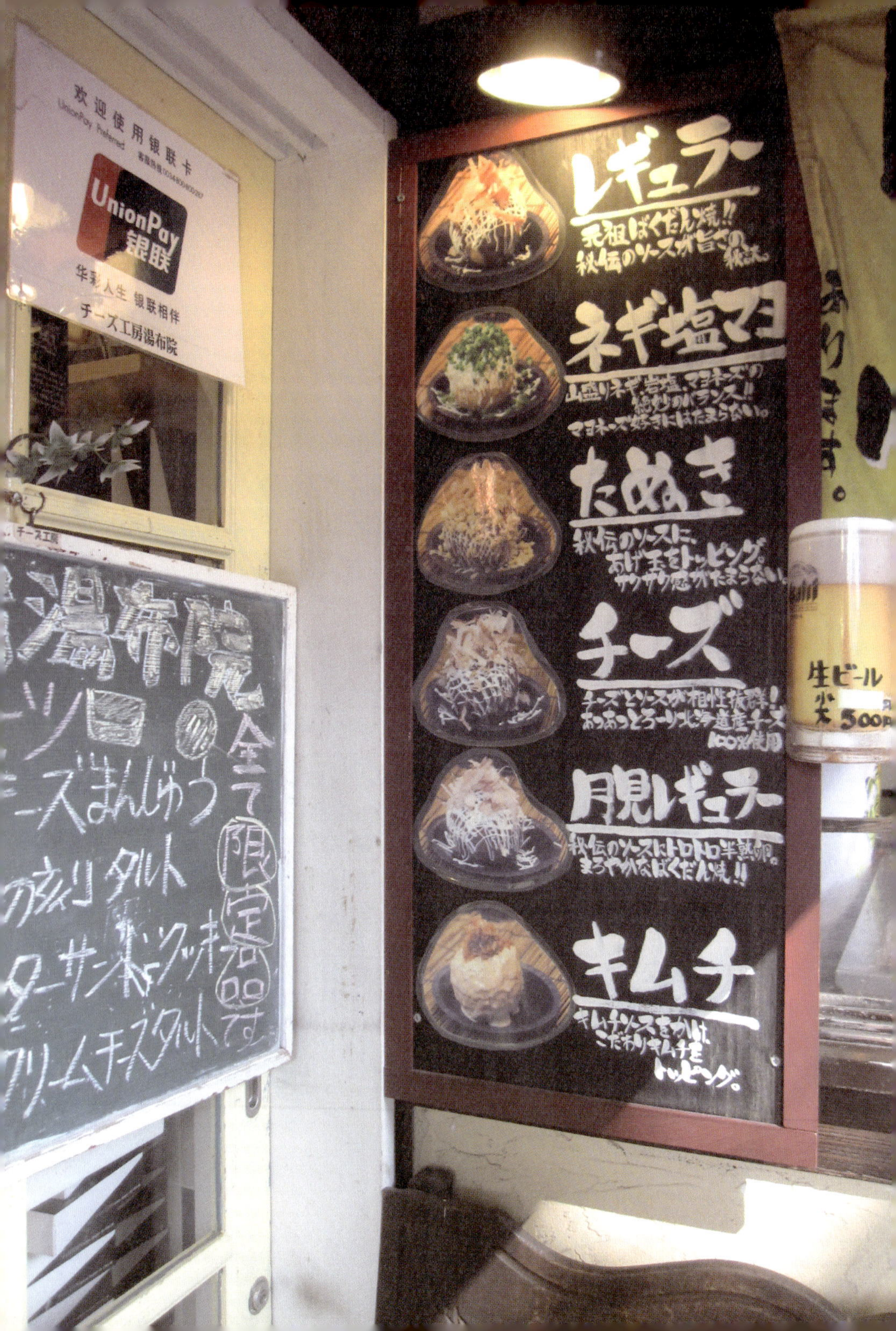

湯布院

ツ□
ズまんじゅう

の□□タルト

ターサンネッ　クッキ

リームチズタルト

全て
限定品
です

レギュラー
元祖ばくだん焼!!
秘伝のソースが旨さの秘訣。

ネギ塩マヨ
山盛りネギ塩に、マヨネーズの
絶妙のバランス!!
マヨネーズ好きにはたまらない。

たぬき
秘伝のソースに、
あげ玉をトッピング。
サクサク感がたまらない。

チーズ
チーズとソースが相性抜群!
あつあつとろ〜り北海道産チーズ
100%使用

月見レギュラー
秘伝のソースにトロトロ半熟卵。
まろやかなばくだん焼!!

キムチ
キムチソースをかけた
こだわりキムチを
トッピング。

生ビール
￥500円

Japan

Yufuin

사이즈를
파괴하라

일본 유후인의 타코야키 가게

●●　　큐슈 지역에 위치한 유후인(由布院)은 일본에서 가장 유명한 온천 휴양지 중 한 곳이다. 유후인 역에서 긴린코 호수까지 이어지는 거리에는 다양한 상점과 온천 여관, 미술관 등이 밀집되어 있어 아기자기한 볼거리를 제공한다. 황금 고로케, 꿀벌 아이스크림, 폭탄 타코야키 등의 먹거리가 유명하다.

일본 유후인의
타코야키 가게

버스에서 가이드가 유후인에 가면 꼭 먹어 봐야 하는 음식 1순위로 연신 추천한 것이 고로케였다. 얼마나 맛있는지 먹어 봐야겠다는 생각에 버스에서 내리자마자 곧장 고로케 가게로 달렸다. 80여 개나 되는 가게들 중에서 가이드가 말한 가게를 찾기는 참으로 쉬웠다. 유명 맛집이나 가게는 긴 줄로 자신의 유명세를 확인시켜 준다. 이 가게도 마찬가지였다.

얼마나 기다렸을까, 고로케를 받아 한입 베어 물었다. 따뜻하고 바삭하니 맛이 있었다. 하지만 기가 막힐 정도로 대단한 맛은 아니었다. 모두들 오랜 전통이 있고 유명하다고 하고, 여기까지 왔는데 안 먹어 볼 수 없으니 먹은 것이다.

백 년 된 고로케 가게를 이기는 법

고로케를 손에 들고 천천히 유후인의 상점들을 구경했다. 골목골목 귀엽고 아기자기한 미술관과 갤러리, 잡화점, 카페들이 있었는데, 여자들이라면 홀딱 반할 만한 상점이 많았다. 매력적인 점포들을 구경하느라 시간 가는 줄 몰랐을 정도다. 요즘 왜 남녀노소를 불문하고 큐슈 지역에서 가장 인기 있는 곳 1위가 유후인이라고 하는지 그 이유를 알 것 같았다.

얼마를 걸었을까. 한적한 거리에 긴 줄이 하나 보였다. 무작정 줄부터 설

●●일본 유후인 거리에서 만난 폭탄 타코야키 가게.
일반 타코야키 여섯 개를 뭉쳐 놓은 것보다 사이즈가 더 크다.

까 하다 무엇을 팔기에 이리 인기가 높은가 궁금해서 가까이 가보니 타코
야키たこ焼き를 파는 매장이었다. 그런데 나를 놀라게 한 것은 이 타코야키
의 크기였다.

흔히 길거리 노점에서 봐온 타코야키는 지름 3센티미터 정도의 크기 여
섯 개를 한 세트로 판매한다. 그런데 유후인의 타코야키는 일반 타코야키
여섯 개를 뭉쳐 놓은 것보다 더 컸다. 야구공만 한 이 타코야키는 '폭탄 타코
야키'라는 이름으로 일본 전역에서 상당한 유명세를 떨치고 있다고 했다.

사각 종이상자에 한 개씩 담아 주는데 수지나 포크로 떠 먹어도 되고, 호

호 불어가며 한 입씩 먹어도 된다. 줄을 서서 기다리는 사이 스마트폰으로 '유후인 먹거리'를 검색하니 백 년 전통의 고로케와 폭탄 타코야키가 나란히 검색되었다.

백 년 세월은 내가 한 시간 더 일찍 문을 열고, 한 시간 늦게 문 닫는다고 해서 좁혀지는 간격이 아니다. 기존에 하던 형식을 파괴하지 않고서는 백 년이라는 시간을 이길 수 있는 방법은 없다.

'폭탄 타코야키'를 개발한 젊은 청년들은 누구에게나 익숙한 기존의 형태(사이즈)를 파괴했기 때문에 사람들의 관심을 끌 수 있었고, 그 관심은 인지도 상승으로 이어졌다. 그리고 당연히 방송과 각종 매체들에게 관심 가는 취재 대상이 되었다. 이는 바로 매출로 이어졌다.

왜 많은 사람이 기네스에 도전하고, 나라들마다 각종 기록을 세우기 위해 애쓰겠는가. 가장 길거나 가장 크거나 가장 많거나 가장 빠르거나, 어떤 특별함으로 유일한 존재가 되고 싶기 때문이다. 그래야 언론이, 사람들이 관심을 가져 주기 때문이다.

음식은 기본적으로 맛이 있어야 한다. 일단 맛있다는 전제하에, 이 가게가 기존의 타코야키와 똑같은 형태로 이곳에서 장사를 했다면 절대 백 년 된 고로케 가게와 승부를 겨루는 긴 줄을 만들지는 못했을 것이다.

많은 음식점들이 음식이 맛있는데도 고객의 관심을 끌지 못하는 이유는 기존의 형태와 관습을 파괴하지 못했기 때문이다. 형태를 파괴해야만 새로움을 얻을 수 있다. 이러한 형식 파괴가 전혀 다른 메뉴를 만들어 내는 것이다.

경남 양산의 한 짬뽕 가게는 탱탱한 면발 위에 그릇이 넘칠 정도로 살이 오른 문어를 통째로 넣어서 유명해졌다. 모든 사람이 문어를 잘라서 넣을 때 통 문어를 넣은 짬뽕을 만들어 판매하는 형식 파괴를 한 것이다.

폭탄 버거와 티컵 강아지

큰 것을 작게 만들거나 작은 것을 크게 만드는 것은 생각보다 높은 효과를 발휘한다. 사이즈를 크게 해서 성공한 또 다른 사례로 '위스콘신 2010 스테이트 페어'에서 시판되자마자 모조리 판매된 '폭탄 버거'를 꼽을 수 있다.

이 버거는 다이어트에 지친 사람들에게 심리적으로 완전한 해방감을 안겨 주는 것을 목적으로 만들어졌다. 무엇보다 맛있게 만드는 데 중점을 둔 이 버거의 열량은 줄잡아 1천 칼로리 수준이다. 다이어트에 열을 올리는 사람이라 하더라도 가끔은 맛으로 똘똘 뭉쳐진 완벽한 '일탈 버거'를 먹고 싶어질 것이라는 데 착안해 개발했다.

'폭탄 버거'가 출시된 후 여기저기에서 앞 다투어 경쟁이라도 하듯 더 높은 칼로리의 버거를 만들어 냈다. '라면과 햄버거의 만남'이라는 영상을 보면 빵 대신 인스턴트 라면을 끼운 8단 햄버거가 나온다. 또 피자 도우를 햄버거 빵 삼아 만든 초대형 햄버거 '괴물 버거'에는 1.8킬로그램 패티 두 장, 치즈 2백 그램, 0.9킬로그램의 베이컨과 양파 등이 들어갔다고 한다.

간헐적 단식이 아니라 간헐적 폭식으로 스트레스를 푸는 현대인의 욕구에 부합했을 뿐 아니라 패러디까지 만들어 냈으니 대성공이라 할 수 있을 것이다. 이 '폭탄 버거'는 엄청나게 높은 열량에도 미국을 넘어 전 세계로 퍼져 나가, 곳곳에서 유사한 사이즈의 빅버거가 속속 탄생하고 있다. 최근 한국에서도 이 같은 고열량 버거가 인기를 끌고 있다고 한다.

반대로 사이즈를 작게 해서 성공한 사례도 있다. 티컵 강아지가 그 예다. 집 주변에 애견센터가 들어서서 저녁 먹고 산책 삼아 강아지들을 보러 가곤 한다. 그런데 갈 때마다 유독 마음이 쓰이는 녀석이 있으니 바로 티컵 강아지다.

몸집이 작은 부모견을 연속 교배시켜 인공적으로 작게 만든 강아지를 볼 때마다 너무 안쓰럽고 불쌍하다. 저렇게 작은 것이 제대로 자랄 수나 있을까 싶어 마음이 두 배로 쓰인다. 하지만 작고 귀여운 것을 좋아하는 어린 아이와 소녀들에게 이 티컵 강아지는 열광적인 사랑을 받았다. 이것이 사이즈의 변화가 일으키는 소비자들의 심리적 변화다.

사이즈에 큰 변화가 생기면 소비자는 심리적 격차를 느끼게 되고, 그에 따라 정보 처리의 양이 증가하면 선호도가 높아질 가능성 또한 증가하는 것이다. 강아지의 경우, 일반적으로 소비자가 기대하는 사이즈가 있다. 그런데 이것보다 월등히 작다면, 그것도 작은 컵에 들어갈 정도라면 눈길을 끌고 관심을 받기에 충분한 것이다.

극히 드문 현상

창업 강의를 마치고 나면 젊은 창업자들이 질문을 많이 한다.

"이런저런 업종으로 창업을 하려고 하는데 괜찮을까요?"

들어 보면 90퍼센트가 새롭지 않다. 남들이 해놓은 형태를 답습하는 안

일한 방법으로만 눈을 돌린다.

최근에도 한 이십 대 청년이 찾아와서 스몰비어 가게를 창업하려고 한다고 했다. 우리 집 주변만 해도 그런 가게가 다섯 개나 들어와 있다. 잘된다고 소문이 나자 그 주변의 맥줏집들이 이름과 인테리어를 바꾸기 시작했다.

원조는 봉구비어인데 다른 점포들은 이름만 살짝 바꾸어 빵구비어, 그 옆은 영구비어, 빡구비어…… '구' 시리즈 맥줏집이 작은 동네에 엄청나게 늘어났다. 어느 곳이 맥주 값을 몇백 원만 내려도 절반은 문을 닫게 될 것이다. 아니나 다를까 6개월쯤 지났을 때 그중 한 곳이 문을 닫았다.

그것을 보니 오래된 유머가 생각났다. 선생님이 아이들에게 질문을 했다.

"기러기 수십 마리가 떼를 지어 날아가고 있었어요. 그런데 갑자기 기러기들이 수직으로 땅에 떨어져 죽었습니다. 이것을 무슨 현상이라고 할까요?"

아이들이 답을 몰라 쩔쩔매는데 맹구가 유유히 손을 들었다.

선생님 : 그래, 맹구 대답해 봐.

맹구 : 극히 보기 드문 현상입니다.

그렇다. 남의 것을 똑같이 모방하거나 기존의 방식을 답습해서 성공을 이룬다는 것은 '극히 보기 드문 현상'이다.

한 지하상가로 컨설팅을 갔을 때의 일이다. 같은 업종에 똑같은 상품을 진열해 놓은 점포들이 너무 많았다. 점포주가 같은 분인가? 궁금해서 상가 관리자에게 물었다.

"혹시 이 매장과 저 매장 사장님이 같은 분이세요?"

"아니오, 전혀 다른 분인데요."

"아니, 근데 어떻게 한 사람이 체인점을 낸 것처럼 똑같죠?"

"새롭고 독특한 점포가 생기면 모두들 눈여겨보다가, 장사가 좀 되는 것 같으면 한 달 안에 똑같이 모방해서 가까운 곳에 동종업종의 점포를 오픈 해 버립니다."

그것 때문에 점포주들 간에 고성이 오가고 싸움이 일어나는 경우도 비일비재하다고 했다. 그래서 장사를 마치면 하나같이 블라인드를 쳐서 밖에서 안을 볼 수 없도록 만든다고 했다.

물론 '모방은 창조의 어머니'라는 말이 있기는 하다. 하지만 그렇다고 창조 없이 모방만 있어서는 안 된다. 창조적인 결과는 자신이 하는 일에 대한 깊은 몰입 다음에 각도를 살짝만 바꾸어 얻을 수 있다. 창조는 익숙한 것을 비틀어 보는 용기에서 시작된다. 이렇게 사이즈를 크게 하거나 작게 하여 기존의 익숙한 형태를 파괴해 보는 용기 말이다.

누구나 다 알고 있고 별로 특별한 것도 없는 타코야키를 특별하게 만든 것은 바로 고정 관념을 파괴할 수 있었던 용기와 결단이다. 고객은 그 용기와 결단력에 비용을 지불하는 것이다. 나도 백 년 세월을 이긴 청년들의 용기와 결단력에 기꺼이 줄을 서서 비용을 지불하고 타코야키를 즐겁게 먹었다.

● ● 고객들은 타코야키의 사이즈에 대한 고정 관념을 파괴한
청년들의 용기와 결단력에 기꺼이 비용을 지불하고 그것을 사 먹는다.

mince beef &
tomato pie

$5.45

Have Me Nov

Australia

★
Sydney

평범함을
거부하라

호주 시드니, 멜버른의 이색 점포들

●●   호주의 시드니와 멜버른은 각기 다른 매력을 가진 도시다. 푸른 하늘과 바다를 배경으로 오페라하우스가 있는 시드니가 복잡하고 흥미로운 오락거리가 많은 도시라면, 멜버른은 유럽의 분위기를 느낄 수 있는 곳이다. 또한 다양한 문화들이 공존하는 가운데 독특하고 새로운 볼거리가 많은 곳이기도 하다.

호주 시드니, 멜버른의
이색 점포들

호주에 갔을 때는 여행이 거의 막바지에 이르렀을 때였다. 그때쯤 되니 뭐해서 먹고살까 하는 걱정보다는 좀 더 놀고 싶다는 생각이 강해졌다. 지금 안 놀면 언제 다시 이렇게 놀아 볼까, 그동안 안 먹고 안 쓰고 거지꼴로 여행하며 남긴 돈을 이곳에서 다 쓰고 가리라 마음먹고 다양한 놀 거리를 찾았다. 하지만 무엇보다 호주에서 얻은 가장 큰 선물은 평범함을 거부하고 당연한 것에 질문을 던져 새로운 것을 만들어 내는 정신이었다.

흔해 빠진 파이는 싫어!

게스트하우스에 짐을 풀자마자 한 시간 거리의 오페라하우스로 걸어갔다. 배가 출출했다. 식당에 들어가서 먹기보다는 길거리 음식을 맛보고 싶어 두리번거리는데, 눈에 들어오는 가게가 있었다. 이름이 '파이 페이스pie face'였다. 미소를 짓거나 찡그리거나 입맛을 다시거나 삐죽거리거나 다양한 표정을 한 파이들이 진열대에 가득 차 있었다. 그리고 각 파이마다 이름과 재료가 적혀 있었다.

가장 밝게 웃는 파이와 가장 슬픈 표정의 파이를 주문했다. 너무 밝게 웃고 있어 조금 미안하긴 했지만, 따뜻하게 보관된 진열장에서 꺼내 주는 파이를 받아 한 입 베어 물었다. 먹기 적당한 따뜻한 온도였다. 다진 소고기

●● 호주 어디를 가나 자주 만날 수 있는 '파이 페이스' 매장.
평범한 파이에 표정을 그려 넣어 호주를 대표하는 음식으로 자리 잡았다.

와 각종 야채가 들어 있는 이 미트 파이는 한 끼 식사로 손색이 없을 정도로
든든했다.

30분 정도 걸어가니 '파이 페이스'의 다른 체인점이 있었다. 멜버른에 갔
을 때도 '파이 페이스' 매장을 보았다. 평범한 파이에 표정 하나 그려 넣어
상표 등록을 하고 체인화한 것이다.

형식 파괴는 멀리 있는 것이 아니다. 주변에서 내가 보고 듣고 입고 먹
는 것 중에서 찾으면 된다. 당연한 것, 당연하다고 여겨 왔던 것에 질문을
던지는 일이 남다른 무언가를 탄생시키는 당연하지 않은 방법인 것이다.

이런 형태밖에 없을까? 다른 형태로 변형이 가능하지 않을까? 끊임없이 질문을 던지는 것, 그것이 평범함을 벗어나 세상에 하나밖에 없는 유일한 존재가 되는 방법이다.

우리나라 길거리에서 흔히 파는 계란빵도 마찬가지다. 그 위에 소스로 표정만 그려 넣으면 우리 가게만 파는 특별한 계란빵이 된다. 남들과 똑같은 모양, 똑같은 맛에 똑같은 가격으로 판매한다면 굳이 그 집 계란빵을 먹어야 할 이유가 없지 않겠는가.

그 이유를 만들어야 한다. 그런데 대부분의 제품은 맛과 품질에서 이제 거의 차이가 없다. 그렇다면 맛을 보여 주는 비주얼의 차이, 전달하는 방법의 차이를 만들어 내야 한다.

●● 카페에 꼭 의자가 있어야 한다는 형식을 깬 카페.
잔디가 깔려 있어 신발을 벗고 눕거나 엎드려 쉴 수 있다

카페에 꼭 의자가 있어야 해?

너무 돌아다녔더니 다리가 이제 좀 쉬어 가라고 신호를 보냈다. 신발을 벗고 두 다리를 쭉 뻗고 쉬고 싶은 마음이 간절했다. 공원처럼 누울 수 있는 카페가 있으면 좋겠다는 생각이 들었다. 잠시 쉴 곳을 찾기 위해 한 쇼핑몰에 들어갔는데, 3층으로 올라가니 시내가 한눈에 내려다보이는 통유리 카페가 있었다.

그런데 이 카페는 의자와 테이블이 놓여 있는 기존 카페와는 완전히 다른 모습을 하고 있었다. 사람들은 잔디가 깔린 카페 바닥에 누워 있었다. 군데군데 의자가 놓여 있긴 했지만 바닥에서 신발을 벗고 엎드려 책을 보거나 낮잠을 즐기는 사람들이 더 많았다. 이곳은 쇼핑에 지친 고객들이 편하게 쉴 수 있도록 쇼핑몰에서 무료로 제공해 주는 카페였다.

'맞아, 왜 꼭 카페에 의자가 있어야 하지?'

뒤통수를 한 대 얻어맞은 기분이었다. 카페는 차를 마시며 휴식하는 공간인데, 의자에 앉는 것보다는 드러눕는 것이 훨씬 더 휴식이 잘될 것 아닌가. 한국으로 돌아가면 이런 콘셉트를 가진 '눕는 카페'를 꼭 만들어 보고 싶었다.

당신 대신 내가 돌게요

각 도시마다 멋진 야경을 볼 수 있는 명소들이 있기 마련이고, 가장 전망이 좋은 곳에는 어김없이 레스토랑이 자리 잡고 있다. 호주 시드니에서 최고의 야경을 보고 싶다면 시드니 타워Sydney Tower를 추천한다. 이 타워가 유명한 것은 단순히 높은 곳에서 전망을 보는 단순 기능 이상을 갖고 있기 때문이다.

시드니 타워의 레스토랑을 예약할 때는 "경치 좋은 곳으로 해주세요" 하고 말할 필요가 없다. 특별한 날인데 혹시 전망이 별로 좋지 않은 자리를 예약해 주면 어쩌나 하고 걱정할 필요도 없다. 가만히 앉아서 두 시간 동안 식사를 하는 사이, 레스토랑 전체가 360도 회전을 하며 다양한 각도의 야경을 선사하기 때문이다.

레스토랑은 움직이지 않는 것이라는 고정 관념을 파괴한 것이다. 대부분의 스카이라운지는 전체 경치를 감상하려면 내가 두 다리를 움직여 이동해야 한다. 하지만 레스토랑 전체를 움직이게 하면 편안히 앉아 식사하면서 모든 경치를 감상할 수 있다.

이 360도 회전하는 레스토랑은 한쪽만 보면서 식사하는 사람들의 불편을 해결해 주려는 마음에서, '한자리에서 전체 경치를 볼 수 있는 방법은 없을까?' 하는 물음에서 시작되었을 것이다. 평범함에 의문을 가지고 상대의 불편을 해결하면 특별한 것을 만들 수 있다. 어느 도시를 가나 평범함을 거부한 무언가가 사람들의 관심의 대상이 되고 사랑을 받고 있었다.

여성 고객으로 넘쳐 나는 세차 카페

시드니 여행을 마치고 국내선을 이용해 '문화 예술의 도시' 멜버른에 도착했다. 버스를 타고 차창 밖으로 스치는 건축물들을 감상했다. 그런데 예

술적인 건축물보다 더 나의 시선을 사로잡은
것이 있었으니, 이십 대의 젊은 남자들이
민소매 상의를 입은 채 우람한 근육질의
팔뚝을 자랑하며 세차를 하고 있었다.

'아니, 세차하는 사람이 저렇게 섹시해
도 되는 거야?'

짙은 색 작업복에 마스크를 쓰고 무표정하게
세차하는 한국의 세차장과는 극한 대비를 이루었다.

그곳은 바로 세차 카페였다. 대부분의 고객이 여성이다. 차를 세차하려
면 어차피 세차장에 맡기고 기다려야 하는데, 그 시간 동안 여기서 친구들
과 차를 마시거나 식사를 하면 되는 것이다. 덤으로 내 차가 세차되는 과정
도 볼 수 있다. 세차장을 향해 있는 한쪽 벽면은 통유리로 되어 있어 세차
하는 모습을 감상(?)할 수 있게 해놓았다.

그런데 세차하는 사람이 젊고 잘생긴 남자들이다. 그곳에 가지 않을 이
유가 있겠는가. 근육질의 잘생긴 남자들이 세차하는 모습은 그 자체로 화
보였다. 세차하는 동안 울퉁불퉁 움직이는 근육들과 촉촉이 젖은 머리칼을
뒤로 넘기는 모습은 한 편의 영화보다, 그 어떤 음악보다 역동적이었다. 나
도 한국에 이런 세차 카페를 열고 싶다는 생각이 들었다.

대학생들의 유니폼이라는 별명이 붙은 미국의 애버크롬비&피치노 개점
할 때 식스팩을 장착하고 상의를 탈의한 모델들이 문을 열어 주는 마케팅
으로 유명해졌다. 매장 입구에 붙은 포스터와 똑같이 생긴 훈남 모델이 문
을 열어 주고 기념촬영도 해준다. 얼마 전 우리나라에도 공식 매장을 열면

서 화제가 됐다. 물론 과도한 성 상품화는 물의를 일으킬 수 있으니 주의가
필요하다.

독특함과 비범함은 다양성에서 비롯된다

세차장을 빠져나와 멜버른 시내 구경을 했다. 요즘 멜버른에서 가장 인
기 있는 여행 테마 중 하나는 골목길 도보 탐방이다. 큰 거리와 거리 사이
를 연결하는 골목길 중에는 멜버른의 도시 문화를 압축적으로 보여 주는
특색 있는 공간이 많다.

특히 소지섭, 임수정 주연의 드라마 〈미안하다 사랑한다〉의 촬영지였던
'호지어 레인Hosier Lane'은 그래피티graffity, 길거리 낙서로 유명한 곳이다. 한국
사람들에게는 일명 '미사 골목'으로 불리는 곳으로, 알록달록한 색상의 위
트 넘치는 벽화가 가득하다. 뒷골목 하급 문화에 불과한 낙서도 스토리텔
링만 잘하면 훌륭한 관광 상품이 될 수 있음을 보여 주는 예다.

멜버른이 문화 예술의 도시가 되고, 미식가들의 천국이 된 이면에는 역
사적 배경이 있다. 호주는 유럽과 아시아의 이민자들로 이뤄진 나라다. 그
중에서도 멜버른은 일찍이 금광이 개발되기 시작해 1850년대부터 많은
이민자들이 모여들었던 곳이다. 이민자들은 이곳에 터를 잡고 삶을 영위
해 가면서도 고유한 정체성을 잃지 않았고, 더불어 살기 위해 서로 다른
문화를 자연스럽게 받아들였다. 그랬기 때문에 다양한 예술과 음식 문화
가 꽃필 수 있었던 것이다.

다양성을 이해하고 존중했기 때문에 세상 어디에도 없는 독특하고 비범
한 것들이 탄생되었고, 영국의 리서치 기관인 '이코노미스트 인텔리전스

유닛^{EIU}'이 매년 세계 140개 도시의 생활 여건을 비교 분석해 발표하는 '세계에서 살기 좋은 도시'에서 멜버른이 2011년부터 내리 3년 1위를 차지할 수 있었던 것은 아닐까.

★ Prague

Czech

쓰임을
파괴하라

체코 프라하의 용도 파괴자들

●●　　체코 프라하는 타임머신을 타고 과거로 간 듯 중세 유럽의 아름다움을 간
직하고 있는 도시이다. 카를교, 구시청사 시계탑 등 독특한 매력을 가진 조형물들이
이 도시의 아름다움을 더해 준다.

체코 프라하의
용도 파괴자들

〈프라하의 연인〉이라는 드라마로 우리에게 잘 알려진 체코 프라하는 각종 영화나 드라마에 자주 등장한다. 프라하를 한 시간만 걸으면 그 이유를 알게 된다. 거리 곳곳에 선 고상하고 기품 있는 건물들이 잔뜩 분위기를 잡으니, 걷다 마주치는 사람조차 연인처럼 느껴진다. '프라하에선 누구와도 사랑에 빠질 수 있다'는 말에 동의한다. 이 예스럽고 아름다운 도시가 얼마나 누군가를 그리워하게 만드는지 몸소 느꼈기 때문이다.

한참을 걷다 보니 '세상에서 가장 아름다운 석교'라는 카를교가 눈에 들어왔다. 프라하를 관통하는 블바타 강 위에 놓인 다리들 가운데 가장 사랑받는 다리다. 다리 자체가 멋있기도 하지만, 5백 미터 길이의 다리 난간 양쪽에 세워져 있는 화려한 조각상들 덕분이다.

다리는 건너라고만 있는 것이 아니다

이 다리는 양쪽 끝에 매표소가 있어 박물관처럼 입장료를 내고 건너야 한다. 다리 위에는 빈틈이 보이지 않을 정도로 많은 사람들이 조각물을 배경으로 기념 촬영을 하고 있었다. 다리 하나를 보자고 이렇게 많은 사람이 모이다니 신기했다.

그런데 직접 다리 위를 걸어 보니 그 이유를 알 것 같았다. 카를교는 다

● ● 프라하의 명물 카를교. 강을 건너는 통로라는 기능을 넘어
아름다운 조각품을 감상할 수 있는 미술관이 되었다.

리를 건너는 사람들에게 아름다운 조각품을 감상할 수 있는 미술관의 역할을 하고 있었다. 다리도 하나의 거대한 미술관이 될 수 있음을 보여 준 것이다.

　다리를 만드는 사람의 관점이 아닌 긴 다리를 걸어서 건너는 사람 입장에서 생각해 보면 충분히 가능한 일이다. 긴 다리를 건너는 사람들이 얼마나 지루할까? 그럼 어떻게 해야 지루하지 않고 즐겁게 건널 수 있을까? 내가 아닌 그의 마음이 되어 보면 모든 사람에게 사랑받는 무엇인가를 창조해 낼 수 있다. 그러한 역지사지易地思之를 통해 평범한 다리도 비범한 미술관이 될 수 있는 것이다.

강을 건너는 단순 통로의 기능을 파괴하고 미술관이 된 다리는 쓰임의 파괴를 보여 준다. 콘크리트 조각과 철근 덩어리가 아닌 멋진 조각품들 덕분에 카를교는 비, 바람, 강물이 함께 공존하는 살아 있는 미술관이 된 것이다.

여러 조각상 중 가장 인기가 높은 것은 성 요한 네포무크의 상이다. 동상 아래 부조에는 바람을 피운 왕비의 고해성사 내용을 왕에게 밝히지 않아 혀가 잘린 채 물에 던져지는 그의 모습이 묘사돼 있다. 이 조각상 밑 동판에 손을 대고 소원을 빌면 행운이 깃든다는 전설 때문에 그 부분만 반질반질하게 닳아 있다. 성서 속 인물과 체코의 성인 등 30여 명의 조각상이 가진 각자의 개성과 스토리 덕분에 카를교는 전 세계인들을 감동시킨 명소가 되었다.

한국에도 수많은 다리가 있다. 하지만 바다나 강을 건너는 통로 이상의 의미를 가진 곳이 있는가? 그저 좀 더 빨리 목적지까지 도달하기 위한 수단 이상으로 다리를 생각해 보지 않았기 때문이다. 사람들은 강을 건너게 해주는 평범한 다리를 보러 이곳까지 오는 것이 아니다. 다리 이상의 가치를 보여 주는 비범한 카를교를 보러 프라하로 오는 것이다.

형식 파괴, 창조 그리 어렵지 않다. 내가 아닌 상대의 관점에서 보면 세계 최초이고, 유일무이하며, 압도적인 무엇인가를 탄생시킬 수 있다. 그의 불편함과 아픔을 볼 수 있다면, 그것을 해소해 주려는 마음만 있으면 한국에도 전 세계에 뽐낼 만한 명물 다리가 탄생하지 않을까? 그 다리를 보기 위해 전 세계에서 사람들이 몰려드는 모습을 상상해 본다.

시계는 시간을 보기 위한 것이 아니다

오후 8시가 넘어가자 사람들이 어디론가 바삐 움직이기 시작했다. 이유를 물어보니 구舊시청사 시계탑의 오를로이 천문 시계를 보기 위해서라고 한다. 사람들 한 무리를 따라서 나도 이동했다. 9시가 되려면 한참이나 남았는데 광장은 이미 사람들로 바글바글했다. 프라하 사람들은 모두 나온 것 같았다.

오전 9시부터 오후 9시까지 매시 정각마다 오른쪽의 해골 인형이 종을 울리면 가장 위쪽에 있는 창문이 열리면서 12사도의 행진이 이어진다. 허영을 상징하는 거울을 보는 자, 돈지갑을 움켜쥔 유태인, 음악을 연주하는 터키인도 등장해 시간과 죽음 앞에 모든 것이 부질없음을 보여 준다. 쇼는 눈 깜짝할 사이에 끝났다. 겨우 이걸 보려고 이렇게 많은 인파가 모이다니, 뭔가 다른 게 있지 않을까 하여 사람들에게 물어보니 천문 시계탑에 얽힌 이야기를 들려주었다.

이 시계는 1410년 시계공 미쿨라시Mikulas of Kadan와 뒷날 카를 대학의 수학 교수가 된 얀 신델Jan Sindel이 공동으로 제작한 것이라 한다. 하지만 나는 이 시계에 얽힌 다음과 같은 전설이 더욱 흥미로웠다.

천문학자였던 하누쉬가 이 시계를 만들었는데, 그 기발함과 아이디어가 소문나자 다른 도시, 다른 나라에서도 똑같은 것을 만들어 달라는 주문이 쇄도했다. 이 시계를 독점하고 싶었던 프라하의 시 의원들은 그가 다시 똑같은 시계를 만들 수 없도록 장님으로 만들어 버렸다. 눈이 먼 하누쉬는 자신이 만든 걸작을 다시 만져 보기 위해 시계탑으로 올라갔고, 그가 손을 대자마자 시계는 그대로 멈춰 4백 년 이상 조금도 움직이지 않

© Wikimedia

았다고 한다.

무시무시한 이야기다. 똑같은 시계를 만들지 못하게 하기 위해서 눈을 멀게 하다니. 시계의 디자인은 충분히 고풍스럽고 아름다웠다. 하지만 그 전설을 듣고 나니 시계의 모습이 조금은 더 애잔해 보이는 것 같았다.

카페에 앉아 물밀 듯이 왔다 사라지는 사람들을 보며 무엇이 이들을 이곳으로 오게 하는 것일까, 사람들을 열광시키는 것에는 어떤 법칙이 있는 것일까 생각했다. 미술관이 된 카를교, 시계 이상의 의미를 가진 천문 시계탑, 이 두 관광지 모두 쓰임의 파괴를 보여 주고 있다.

구름떼처럼 모인 사람들은 평범한 것을 보기 위해 거기 온 것이 아니다. 처음에는 눈으로 보이는 디자인에, 그다음은 그 안에 담겨 있는 스토리에 공감하고 감동한다. 그 감동은 입에서 입으로, SNS로 전 세계에 퍼져 나가는 것이다. 인간은 감동을 받은 것을 나누고 공유하려는 습성을 가지고 있다. 그래서 블로그나 SNS가 발전하게 된 것이다.

그들에게 공유되고 또 감동을 주려면 제일 먼저 쓰임의 파괴, 형식의 파괴를 시도해야 한다. 이는 형식을 파괴한 디자인 → 그 안에 담긴 스토리 → 선한 의미 → 감동의 공유 → 가치 상승이라는 사이클로 순환된다.

무엇에 쓰는 신호등인고?

체코 맥주를 한 잔 마실까 해서 거리를 두리번거리고 있는데 골목 앞에 줄이 길게 늘어선 것이 보였다. 가까이 가서 보니 좁은 골목 밑으로 내려가기 위해 사람들이 줄을 서 있었고, 골목 앞에는 신호등이 하나 서 있었다.

대체 뭐하는 곳인지 궁금해서 사람들 뒤에 서서 차례를 기다렸다. 한참을 기다려 신호등을 건너 골목 계단 아래로 내려가 보니 거기에는 넓은 마당에 레스토랑이 자리하고 있었다. 식사를 마친 사람들은 다시 위로 올라가기 위해 신호등 앞에서 대기하고 있었다.

카를교가 내려다보이는 명당자리에는 고층 건물들이 빽빽이 들어서 있다. 메인 거리에도 이미 크고 작은 식당들이 자리 잡고 있어 창업할 틈이란 없다. 아마 이곳도 한국처럼 건물 임대료는 부르는 게 값일 것이다. 그런데 이 레스토랑의 사장은 큰 건물과 건물 사이에 있는 골목을 샀다. 그리고 골목 아래에 있는 빈 공터를 활용해 레스토랑을 만든 것이다.

두 사람이 지나갈 수도 없는 좁은 골목이라 서로 먼저 내려가거나 올라가려고 하면 골목은 막혀 버릴 것이다. 그래서 신호등을 설치하고, 손님들을 파란불에 맞춰 움직이게 한 것이다. 너무 재미있는 아이디어가 아닌가. 밑으로 내려가기 위해 선 긴 줄은 뭔가 특별한 게 있다는 사인이 되었고, 나처럼 이유도 모른 채 줄부터 서고 보는 사람들로 넘쳐 났다. 오히려 좁은 골목의 단점을 장점으로 승화시킨 것이다.

아무도 더 이상 들어갈 자리가 없다고 생각할 때 그 레스토랑의 사장은 누구도 주목하지 않았던 골목을 눈여겨본 것이다. 도로를 끼고 번듯하게 난 곳만을 찾으려 했다면 이 공간을 발견하지 못했을 것이다. 관점을 살짝

●● 이 레스토랑의 사장은 좋은 입지에 대한
각도를 바꾸어 스스로 기회를 만들어 낸 사람이다.

만 틀면 틈새는 얼마든지 찾을 수 있다.

그는 기회를 얻은 것이 아니라 각도를 바꾸어 스스로 기회를 만들어 낸 사람이다. 좋은 입지에 대한 형식 파괴를 하고 나면 모든 입지가 기회의 땅이 될 수 있다. 관점을 파괴하고 쓰임을 파괴하면 단점이 장점으로 바뀐다.

영화 같은 거리, 팽팽한 혈관의 긴장을 풀어 주는 음악과 체코 맥주……. 프라하가 아름다운 이유는 형식을 파괴한 건물과 상점들이 넘쳐 나기 때문이 아닐까. 쓰임을 파괴한 위대한 유산을 남긴 선조들과 그들의 정신을 이어받은 젊은 파괴자들이 오늘의 프라하를 만들고 있었다.

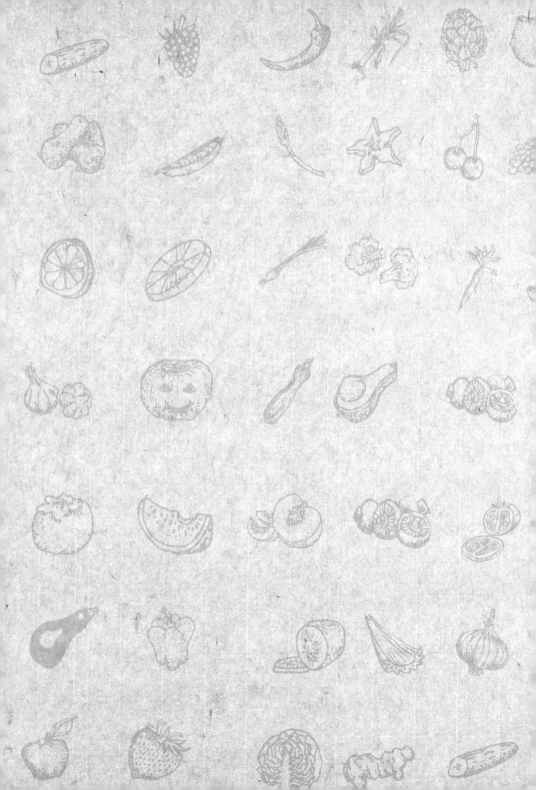

Chapter 8
세월이
훈장이다

한국의 전통시장은 '현대화' 물결을 타고 역사나 전통은
모두 헌신짝처럼 버리고 새로운 옷으로 갈아입느라 바쁘다.
하지만 시장은 단순히 물건을 사고파는 곳이 아니다.
시장은 그 자체로 문화이고, 시장 건물은 우리네 삶이 담긴 문화유산인 것이다.
무엇을 남기고 무엇을 지켜야 할지 다시 한 번 생각해 보아야 할 때다.

Germany

Munchen

이익보다는
전통을 지킨다

독일 뮌헨 빅투알리엔 마르크(Viktualien Markt)

●●   마리엔 광장 근처에 위치한 야외 시장이다. 신선한 채소와 과일을 저렴한 가격에 살 수 있으며, 아기자기한 공예품도 판매한다. 오전 10시에 문을 열어 월~금요일은 오후 6시까지, 토요일은 오후 3시까지 운영한다. 일요일 휴무.

주소 Viktualienmarkt 3, 80331 München
홈페이지 http://www.viktualienmarkt.de

독일 뮌헨
빅투알리엔 마르크 Viktualien Markt

여행에서 빠뜨리면 섭섭한 것이 각 나라의 전통 술을 맛보는 것이다. 세계 최고의 맥주 축제인 '옥토버페스트'가 열리는 뮌헨에는 세계에서 가장 큰 맥줏집과 많은 비어홀이 있다. 야외에서 맥주 마시는 것을 좋아하는 독일 사람들은 추운 날에도 담요를 두르고 밖에서 맥주를 들이킨다고 한다. 독일인들에게 맥주는 술이 아니다. 물이나 차처럼 늘 가까이 두고 마시는 음료다.

뮌헨에 왔으니 나도 야외에서 폼 나게 맥주를 마셔 보리라 생각하고 마리엔 광장 주변을 두리번거렸다. 광장에서 조금 걸어 내려가니 울창한 숲속에서 수백 명의 사람들이 맥주를 마시고 있었다. 이곳이 바로 2백 년 넘게 뮌헨 시민들의 사랑을 받고 있는 빅투알리엔 마르크다.

숲길을 산책할 수 있는 시장

광장 형태를 띤 시장은 판매 품목에 따라 다섯 구역으로 나뉘어 있었고, 약 2만 2천 제곱미터의 140개 상점에서 신선한 식재료 및 다양한 물품들이 거래되고 있었다. 대표적인 판매 품목은 과일 및 채소, 육류, 생선, 간이식품 그리고 기타 잡화 및 생필품 등이다. 넓고 확 트인 보행자 도로에는 유모차를 끌고 나와 쇼핑하는 주부들이 꽤 많았다.

시장 중앙에 자리 잡은 비어 가든은 한 손으로 들기 힘들 정도로 큰 잔에

●● 빅투알리엔 마르크 중앙에 자리 잡은 비어 가든.
숲 한가운데에 있는 이 시장은 도시인들에게 훌륭한 휴식 공간이 되고 있다.

거품이 가득 올라간 독일 맥주를 즐기는 사람들로 가득했다. 훤칠하게 잘
자란 밤나무 그늘 아래 조성된 비어 가든은 6백 석 규모. 바깥쪽에 있는 가
든까지 포함하면 천 명까지 수용할 수 있다고 한다. 의자 일체형 목재 테이
블이 놓인 비어 가든에는 식수대와 사용한 식기를 반납하는 공간이 있고
몇몇 안주를 파는 크고 작은 가게들이 모여 있었다.

　초록빛 울창한 숲 사이로 비치는 햇살이 노란 맥주를 더욱 빛나게 만들
어 주었다. 많은 사람이 모여 있는데도 시끄럽거나 요란스럽지 않았다. 나
무 사이로 간간이 들어오는 햇살을 즐기며 조용히 맥주를 늘이키는 모습

이 평화로워 보였다.

지붕을 덮는 대신 자연을 그대로 즐길 수 있도록 한 것이 인상적이었다. 울창한 숲이 있는 전통시장은 도시인들에게 휴식 공간이 되고 있었다. 길이 넓어서 주부들이 유모차를 끌고 와도 충분히 산책이 가능했다. 빅투알리엔 마르크는 시장이 장만 보는 곳이 아니라 산책로가 될 수 있음을 보여 주고 있었다. 그래서 이 시장의 또 다른 이름이 '녹색 시장'이다.

편리한 교통 시설과 공공 주차장이 마련되어 있을 뿐 아니라, 시장 안은 보행자 전용도로로 차가 들어올 수 없어 보행자 천국이 따로 없었다. 또한 시장 바로 옆에 소극장과 공연장을 여럿 만들어 자연스레 관광객들의 발길을 끌어들이고 있었다.

사람에 치여 정신없이 장을 보는 것이 아니라 울창한 숲길을 산책하듯 장을 볼 수 있는 시장이 집 근처에 있다면 일부러 시간을 내서라도 가지 않을까? 우리나라도 전통시장 지붕을 덮는 비용으로 나무를 심어 시장 주변을 숲으로 조성해 보는 것은 어떨까? 숲 한가운데에 있는 시장, 생각만 해도 기분이 좋아지지 않는가.

외국인 관광객들이 빅투알리엔 시장 홈페이지에 올린 방문 후기를 보면, 하나같이 시장 중앙의 비어 가든에서 맥주를 마신 추억을 최고로 꼽고 있다. 어떠한 시설이나 조형물보다 숲이 주는 평온과 위안이 크기 때문일 것이다.

무엇을 남기고 무엇을 지킬 것인가

2백 년 역사를 가진 빅투알리엔 마르크에는 흥미로운 불문율이 하나 있다. 그것은 특정 품목의 가게가 문을 닫더라도 다음에 그 자리에 들어오는 상인은 반드시 기존의 품목으로 장사를 해야 한다는 것이다.

시장에서 꽤 오래되었다는 한 상점을 방문했다. 주인의 이름을 딴 '트레터'라는 야채 가게인데, 증조부 대인 1912년부터 이곳에서 장사를 했다고 한다. 주변의 가게들도 몇 대째 대를 이어 장사를 해오고 있었다. 부모가 장사를 하면 당연히 자녀가 물려받을 것 같지만 이곳은 그렇지 않다고 한다. 여기서 장사를 하려면, 자신이 판매하는 상품에 대한 전문 지식과 경험 그리고 성실성을 기본 조건으로 갖추어야 한다고 했다.

이 시장에 입점하려는 대기자도 엄청나게 많다고 한다. 우선 장사를 시작하는 데 큰 비용이 들지 않고 매장 운영비 명목으로 내는 비용이 다른 곳보다 적기 때문이다. 판매 품목과 매출액에 따라 차이는 있지만, 매출액의 3.5퍼센트만 월세로 내면 된다고 했다. 또 뮌헨에 살고 있는 사람이면 영주권 소유 여부, 인종이나 출신에 관계없이 누구나 지원할 수 있다고 한다.

뮌헨 시 한복판에서 이렇게 적은 비용을 받고 시장을 운영하게 하는 것이 과연 가능한 일인가? 고층 빌딩이 즐비한 도심에 자리한 전통시장이 2백 년을 버틸 수 있었던 데는 뮌헨 시의 남다른 애정이 있었다. 시 당국의 기본 방침은 전통시장을 운영해서 이윤을 남기는 데 있지 않았다. 그들은 전통시장이 뮌헨의 명물로 오래도록 살아남게 하는 데 공을 들이고 있었다. 그러기에 시내 한복판의 금싸라기 땅을 시 소유로 고집스레 묶어 두고 시장의 전통을 지켜 내고 있는 것이다.

시장 운영을 통한 수익 창출보다는 품질 관리와 주변환경 개선에 무게를 두는 시 당국을 보며 독일인의 정신과 철학을 배울 수 있었다. 또한 눈 앞에 보이는 이익보다는 전통을 물려주는 것이 더 소중하다는 상인의 말에서 그들의 상인 정신을 엿볼 수 있었다. 그러한 정신이 있기에 빅투알리엔 마르크가 2백 년 동안 그 자리에서 시민들의 사랑을 받고 있는 것이다.

시장이라는 문화를 물려주다

숲이 우거져 아름다운 비어 가든에서 맥주 한 잔과 소시지 한 접시를 시켜 독일인처럼 입술에 거품을 묻히며 마셔 보았다. 이 맥주 정원에서는 다양한 맥주를 6주 단위로 바꿔 가며 마실 수 있다. 뮌헨에 있는 여섯 개의 양조장에서 번갈아 가며 맥주를 제공하기 때문이다.

비어 가든 바깥쪽으로는 소시지 가게, 패스트푸드점 등 안주가 될 만한 먹거리 상점들이 늘어서 있는데, 마음에 드는 안주를 먼저 시키고 자리를 잡은 다음 맥주를 주문하면 된다. 또한 먹거리 상점 내에서 맥주를 마시고 싶은 사람은 맥주를 먼저 사서 들어가도 된다.

문득 이곳은 단순히 물건을 사고파는 곳이 아니라는 생각이 들었다. 빅투알리엔 마르크는 시장이라는 문화를 팔고 있었다. 시장 자체가 문화가 될 수 있는 것이다. 시장 곳곳에서 현장 실습을 나온 아이들을 만날 수 있었는데, 시장에서 물건을 사는 경험을 해본 아이들이 결국 시장에 다시 올 거라는 데 생각이 미쳤다.

시장 상인들과 시 당국은 이익보다는 시장의 전통을 후손에게 물려줘야 한다는 한 가지 목표를 향해 같이 나아가고 있었다. 그러한 의지는 뮌헨 시민들에게도 전해져, 아이들 손을 잡고 시장의 문화를 알려 주기 위해 이곳을 찾고 있었다.

자본주의 경제 체제에서 이익을 남기지 못하면 살아남기가 힘든 것이 사실이다. 하지만 이 시장을 둘러보면서 어떤 이익을 남길 것인지는 한 번쯤 다시 생각해 봐야 한다는 생각이 들었다.

물질적 이익만을 남길 것인가? 가치 있는 전통을 남길 것인가?

Queen Victoria
·MARKET·
Since **1878**

TRADING HOURS:
Mon & Wed: Closed   Tues & Thurs: 6am - 2pm
Fri: 6am - 5pm   Sat: 6am - 3pm   Sun: 9am - 4pm

POST OFFICE

LE CROISSANT DES HALLES

AMBIANCE

Australia

Melbourne

시장 건물,
문화유산이 되다

호주 멜버른 퀸 빅토리아 마켓(Queen Victoria Market)

●●   1878년 개장한 멜버른 쇼핑의 메카. 식료품 코너, 엘리자베스 스트리트숍, 빅마켓 플레이스 푸드코트, 과일, 야채, 고기, 유기농, 공산품, 와인 등으로 구역이 나뉘어 있다. 오전 6시에 문을 열어 화, 목요일은 오후 2시까지, 금요일은 오후 5시 (공산품은 오후 4시)까지, 토요일은 오후 3시까지 영업한다. 일요일은 오전 9시부 터 오후 4시까지 영업하며, 월, 수요일은 휴무다.

주소 Corner of Victoria St and Elizabeth St, Melbourne VIC 3000
(트램을 타고 빅토리아 마켓 역 하차)
홈페이지 http://www.qvm.com.au

호주 멜버른
퀸 빅토리아 마켓 Queen Victoria Market

내가 시장 탐방을 위해 세계 일주를 한다는 기사를 보고 한 사장님이 우리 연구소 홈페이지에 글을 남겼다. 호주 '퀸 빅토리아 마켓'에서 의류 장사를 하고 있는데, 혹 호주에 오게 되면 자신의 상점을 방문해 달라고 했다. 그러겠노라 약속하고 호주 멜버른에 갔을 때 그분의 이름 석 자만 들고 그 시장을 찾았다. 하지만 그 넓은 시장에서 김 사장 찾기는 종로에서 김 서방 찾기나 다름없는 일이었다. 몇 시간을 찾아 헤맸지만 그분을 만날 수 없었다. 섭섭한 마음을 추스르고 본격적으로 시장 투어에 나섰다.

백 년 된 매대를 아직도 사용하는 이유

노란색 양철 지붕으로 덮여 물류 창고처럼 보이는 퀸 빅토리아 마켓은, 과일, 야채, 육류, 수산물, 유제품 등의 식료품과 전자제품, 의류, 신발, 장난감, 인테리어용품, 주방용품, 가죽 제품, 장신구, 골동품, 화훼류와 관상용 식물에 이르기까지 생활에 필요한 모든 종류의 물건을 파는 만물 시장이다. 처음 이곳을 찾았을 때 생각보다 큰 규모에 무척 놀랐다. 시장 상인 중에는 한국 교민도 자주 눈에 띄었다.

그런데 신기하게도 매장마다 물건을 진열하는 집기들이 모두 낡고 오래된 것이었다. 이 시장에서는 1878년 3월 개장 이래 130년 가까운 세월

●●● 노란색 양철 지붕으로 덮인 시장 내부.
상인들은 백 년 된 스톨을 아직도 사용하고 있다.

동안 1천여 명의 입주 상인 대부분이 '스톨stall'이라고 불리는 재래식 매대
賣臺를 사용한다고 했다.

　그 이유를 물어보니, 이 시장에서는 매장의 위치가 정해져 있지 않고 한
달에 한 번씩 공평하게 배치를 새로 하기 때문에 장식이 많고 무거운 매대
보다는 기능이 단순하고 가벼운 매대를 상인들이 선호한다고 했다. 이 스
톨은 오래되긴 했지만 그에 부합하는 특성을 가지고 있어 상인들이 아직
도 애용한다는 것이다.

　그렇다고는 해도 그보다 더 가볍고 튼튼한 신식 플라스틱 매대를 마다

● ● 퀸 빅토리아 마켓의 식료품 상가.

하고 전통 노점거래 방식을 고수하며 백 년 된 스톨을 그대로 쓰는 모습에서 그들이 가진 '전통'에 대한 자부심과 집착을 느낄 수 있었다.

붉은 벽돌로 지어진 건물에 들어서니 온갖 먹거리들이 가득했다. 수산물, 육류, 유제품과 초콜릿, 과자, 빵 등의 식료품을 비롯해 햄버거, 피자, 파스타 등의 간단한 먹거리들이 넘쳐 났다.

호주산 소고기부터 토끼 고기, 캥거루 고기 등 수백 가지 부위의 고기들을 맛깔스럽게 진열해 놓은 육류 판매점은 보는 것만으로도 탄성이 절로 나왔다. 환경과 농업 보호를 위해 어느 나라보다 까다로운 규정과 제도를 운영하고 있는 나라답게 유기농 방식으로 사육한 육류만 파는 매장이 쇼핑객들로 북적거렸다.

유기농 소고기로 만든 수제 햄버거 가게는 긴 줄이 늘어서 있어서 한참을 기다린 후에야 햄버거를 살 수 있었다. 몸에 좋다고 하니 더 맛있게 느껴졌다.

고객 휴게공간에 앉아서 먹고 있는데, '퀸 빅토리아 마켓'이라고 쓰인 초록색 유니폼을 입은 아주머니가 들어와 테이블 위에 남은 음식물들을 치우고 깨끗이 닦았다. 이렇게 청소하는 직원들을 시장 곳곳에서 수시로 만날 수 있었다. 그 모습에서 이 시장이 얼마나 고객들을 위한 세심한 서비스에 신경을 쓰고 있는지 한눈에 알 수 있었다.

식료품 상가를 빠져나오면 이 시장의 또 다른 자랑거리 중 하나인 세계 최대의 유기 농산물 시장을 만나게 된다. 호주 전역에서 생산된 각종 과일과 야채들이 빼곡히 진열되어 건강한 먹거리를 찾는 손님들을 기다리고 있었다. 꽤 이른 시간이었는데도 다 팔리고 매대가 비어 있는 곳이 많았다.

시장, 보존해야 할 문화유산

2만 1천 평의 방대한 부지에 펼쳐져 있는 호주 최대의 전통시장인 퀸 빅
토리아 마켓은 처음 조성됐을 때 그대로 건물이 보전되고 있다. 상가 건물
들 중 많은 수가 빅토리아 주_州 정부로부터 '문화유산'으로 지정돼 정부의
관리를 받고 있다. 시설 현대화라는 명목하에 근대 초에 지어진 전통시장
의 고풍스러운 건물들이 모두 어색한 새 옷을 갈아입은 우리나라와는 그
야말로 대조적이다. 우리나라 어디를 가도 시장 건물이 문화유산으로 지정
된 곳은 없다.

이곳도 현대화라는 명목하에 사라질 위기에 놓인 적이 있다고 한다.
1970년대 멜버른 시 당국이 도심 재개발을 추진하면서, 시장 일대를 호텔
과 비즈니스 센터, 현대식 쇼핑몰 등이 들어서는 복합 비즈니스 센터로 전
면 개편하는 계획을 발표했던 것이다. 그러자 "개발의 광풍_{狂風}에 밀려 살
아 있는 문화유산을 파괴하겠다는 것이냐"는 멜버른 시민들의 항의가 빗
발쳤고, 결국 그 계획은 무산되었다고 한다. 시장이 송두리째 없어질 뻔한
위기를 시민들이 지켜 낸 것이다.

그러한 시민들의 기대에 부응하기 위해 퀸 빅토리아 마켓에서는 최고의
제품만을 엄선해서 판매한다고 한다. 판매하는 품목이 수만 가지가 넘다
보니 각 매대의 상인들은 요일마다 진열 상품을 바꿔 내놓는 등 전통을 고
수하면서도 새로움을 추구하는 노력을 게을리하지 않고 있다고 했다.

130년째 '매주 월요일과 수요일 휴무'를 고수하고 있는 것도 퀸 빅토리
아 마켓만의 특색이다. 예전에 방문객 수가 충분하지 않을 때 월요일과 수
요일에 시장 문을 닫았던 것을 지금까지 이어 오고 있는 것이다. 매일 문을

열어도 손님들로 넘쳐 나겠지만 월, 수 휴무를 지키는 모습에서 전통을 지키고자 하는 그들의 의지를 새삼 느낄 수 있었다.

또한 하루 평균 4만 명이 넘는 시장 방문객 중 상당수는 국내외 관광객들이라고 한다. 지역 주민들에게는 생필품을 판매하고 관광객들에게는 볼거리를 제공하는 생활밀착형 관광 시장의 모델이 되는 곳이 바로 퀸 빅토리아 마켓이다.

시장 한복판에 있는 'It's Australia'라는 가게는 이곳에서만 찾아볼 수 있는 온갖 진기한 상품들이 많아 '튀는' 기념품을 쇼핑하려는 관광객들로 하루 종일 북적댔다. 물건을 팔고 사는 '시장'인 동시에 그 자체로 풍부한 호주 문화를 엿볼 수 있는 '박물관'의 역할을 하고 있는 것이다.

퀸 빅토리아 마켓이 130년이라는 세월을 이기고 현재까지 사랑받을 수 있었던 비결은 전통을 고수하되 시대의 변화에 맞게 그 각도를 잘 조정해 온 데 있었다.

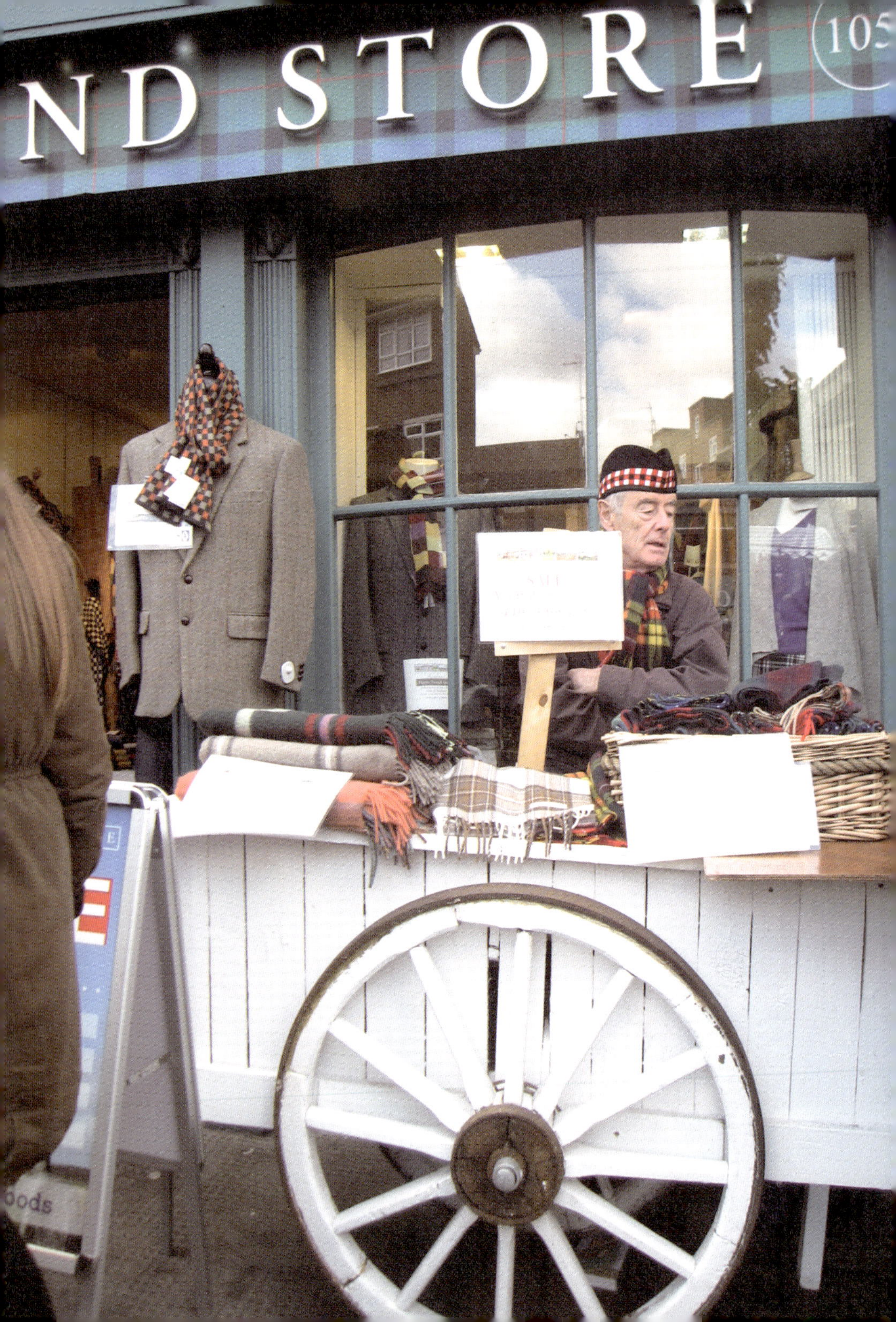
ND STORE
105

명품 시장을 만드는 것은
역사와 정직함

영국 런던 포토벨로 마켓(Portobello Road Market)

●● 　노팅힐의 명물이자 런던 최고의 마켓. 크게 앤티크 거리, 과일 거리, 잡화 거리로 나뉜다. 마켓의 개장 시간은 날씨와 계절에 따라 다르며 주중에는 주로 주민들을 위한 신선한 과일, 야채와 생활용품 시장이 열리고, 금요일은 중고품 마켓, 토요일은 골동품 마켓이 노팅힐 게이트(Notting Hill Gate) 역 근처의 포토벨로 로드 남쪽 끝까지 이어진다.

주소 Portobello Rd, London W10 5TE
(노팅힐 게이트 역 B 출구에서 도보 10분)
홈페이지 http://www.portobellovillage.com

영국 런던
포토벨로 마켓 Portobello Road Market

영화 〈노팅힐〉을 본 사람들이라면 휴 그랜트가 거리를 걷는데 순식간에 봄, 여름, 가을, 겨울이 바뀌는 장면을 기억할 것이다. 휴 그랜트가 걸어가던 그 길이 바로 포토벨로 마켓이다. 매주 토요일마다 엄청난 규모의 벼룩시장이 선다고 해서 아침부터 부지런히 서둘렀다.

지하철역에서 내리자 많은 사람들이 무리를 지어 한 곳으로 향했다. 어디로 갈까 고민할 것도 없이 그들을 따라 시장 입구에 도착하니, 양쪽으로 줄지어 선 파스텔 톤 건물들이 제일 먼저 눈에 들어왔다. 약 2킬로미터나 되는 길을 따라 골동품 가게를 비롯해 다양한 상점과 노점들이 사이사이 들어서 있었다.

도심에서 추억을 판다

포토벨로 마켓은 언제 만들어졌는지 가늠조차 할 수 없는 전화기, 앤티크 장난감, 포슬린, 빈티지 패션 아이템, 1970년대 레코드 등 호기심을 자극하는 물건들로 가득했다. 과거 어느 귀족이 사용했을 법한 은식기들이 고급스럽게 전시되어 있는 상점에 들어갔다. 작고 예쁜 은수저에 관심을 가지니 그에 얽힌 스토리를 영어로 쉴 틈 없이 들려주었다. 사실인지는 모르겠지만 어떤 귀족 가문에서 쓰던 것이라고 한다.

이렇듯 골동품 상점은 오래되고 낡아 더 이상 쓸 수도 없을 것 같은 제품

● ● 양쪽으로 파스텔 톤 건물들이 줄지어 선 포토벨로 마켓 거리.
약 2킬로미터나 되는 길을 따라 골동품 가게를 비롯해 다양한 상점, 노점들이 들어서 있다.

에 얽힌 이야기들을 듣는 재미가 있다. 골동품 전문가들이 운영하는 상점
들은 할인 판매가 거의 없는 것이 특색이다.

관광객이라도 점포에 들어가면 기대 이상의 자세한 설명을 들을 수 있
다. 아시아 앤티크 제품을 판매하는 점포에 가니 우리나라의 쌀뒤주나 한
약방에서 쓰던 약장, 나주 소반 같은 가구들이 종종 눈에 띄었다. 한국에서
왔다고 하니 이거 사용해 본 적이 있느냐고, 요즘도 쓰느냐고 도리어 나에
게 물었다.

이곳은 3백 년 전 청과물 시장으로 시작했지만 1837년부터 앤티크 시장

이 들어서기 시작했고, 약 2백 년이 지난 지금은 2천 개가 넘는 골동품 점포들이 시장통을 가득 채우고 있다. 골동품을 파는 가게 주인이 너무 젊으면 믿음이 가지 않을 것 같아서일까. 상인들은 대부분 머리가 희끗한 노인이었다. 양복점 앞 머플러를 파는 할아버지는 흰머리에 베레모를 살짝 비틀어 쓴 것이 멋스러웠다.

이건 뭐지 싶은 물건들을 구경하다 보면 어느새 거리 끝자락에 위치한 먹거리 코너에 도착한다. 이곳이 처음에는 청과물 시장으로 출발했음을 알려 주는 각종 과일 매장은 향긋한 냄새로 내 코를 유혹했다. 사람들은 가게 앞에 서서 사과를 씻지도 않고 그냥 먹고 있었다. 어디 씻을 데가 없나 두리번거리니 주인은 유기농이라 그냥 먹어도 된다고 말했다. 길거리 노점에서 파는 과일이 유기농이라니, 3백 년 전통 청과 시장의 명성이 저절로 생

● ● ○ 이곳이 청과물 시장에서 출발했음을 알려 주는 과일 매장들.
길거리 노점에서도 유기농 과일을 판매한다.

기는 것이 아님을 알 수 있었다.

시장을 둘러보다 노점에서도 고기를 파는 광경을 심심찮게 보았다. 무척 색달랐다. 우리나라 같으면 돼지고기, 소고기를 길가 노점에서 산다는 것을 상상이나 할 수 있을까. 여기서는 각종 고기를 부위별로 잘라 랩으로 포장한 다음 가격표를 정확히 붙여 팔고 있었다. 노점 주인아저씨의 하얀색 유니폼이 신뢰감을 더해 주었다.

갓 구운 빵들이 먹음직스럽게 쌓여 있고, 그 옆으로는 독일식 소시지가 들어 있는 핫도그, 이곳에서 구입한 과일로 즉석에서 만드는 과일 타르트, 알록달록 예쁜 색깔의 컵케이크들이 식욕을 자극했다. 평일에도 신선한 야채와 과일을 구하러 이곳을 찾는 런던 시민들이 많다고 한다.

정직한 상인이 가득한 곳

2차 세계대전 이후 전쟁에서 돌아온 뒤 일자리를 찾지 못하던 퇴역 군인들이 세계 각국에서 가져온 물건들을 내다 팔기 시작하면서, 포토벨로 마켓은 오늘날의 벼룩시장 형태로 발전하게 되었다. 골동품 시장에 벼룩시장이 더해지면서 런던 시의 명물로 자리 잡는 계기가 되었다고 한다.

골동품 시장에서 완만한 언덕을 따라 내려가면 청과상들이 나오고, 교차로 아래에서는 한바탕 잔치가 벌어진 듯 요란스러운 스트리트 마켓들이 문전성시를 이루고 있었다. 싸구려 옷들과 골동품이라고도 보기 힘든 고물들, 조잡한 보석들이 한 자리를 차지하고 있었고, 10년은 입은 듯 보이는 허름한 가죽 재킷, 정체를 알 수 없는 물건들이 가득했다.

머리에 꽂는 비녀 같은 장식물이 특이해서 하나 사려고 좀 깎아 달라고 했더니, 웃으며 정찰제라서 안 된다고 했다. 이 점포만이 아니었다. 날씨가 너무 추워서 망토를 하나 사려고 했더니 10원도 안 깎아 줬다. 처음에는 시장이 흥정하는 맛이 있어야지 너무 야박한 것 아닌가 하는 생각도 살짝 들었다. 하지만 알고 보니 물건의 값을 싸고 정직하게 붙여 팔 뿐 흥정에는 참여하지 않는다고 했다.

유럽의 어느 도시에서도 본 적이 없을 정도로 포토벨로 마켓에는 '정직한 상인'들이 대거 진을 치고 있었다. 노점상들에게서조차 영국식 국민성을 엿볼 수 있었다. 옥내 상점들도 많지만, 포토벨로를 유명하게 만든 것은 이렇게 길거리를 따라 늘어선 정직한 노점상들이다. 개인이 이곳에서 노점을 차리려면, 구청에서 '스트리트 마켓 허가증'을 받은 뒤 요일에 따라 정해진 요금을 내고 장사를 하면 된다고 한다.

포토벨로 마켓에서는 길거리를 가득 메운 상점과 노점상 모두 적정한 가격을 정하고 정찰제로 판매하고 있었다. 흥정이 미덕이 될 수도 있지만, 이곳에선 흥정보다는 정확하게 받을 가격만을 받는다는 신뢰를 우선으로 하고 있었다. 그러니 흥정에 약한 젊은이들도 부담 없이 와서 물건을 살 수 있다.

'런던에서 가장 멋진 곳은 전통시장'이라고 기억할 만큼 영국의 전통시장은 나에게 많은 메시지를 던져 주었다. 젊은이들의 모임 장소인 캠든 마켓, 직접 잡은 농수산물을 파는 버러 마켓, 역사와 전통을 파는 포토벨로 마켓. 이 세 곳 모두 자신만의 확고한 콘셉트를 가지고 있다. 이러한 전통을 몇백 년 동안 이어 오다 보니 명품 시장으로 자리 잡은 것이다. 명품 시장이 되기 위해서는 오랜 전통과 함께 가장 중요한 덕목이 정직함임을 나

●● 포토벨로 마켓을 유명하게 만든 것은 물건의 값을 싸고 정직하게 붙여 파는 노점상들이다.

는 영국 시장에서 배웠다.

우리나라에 벼룩시장이 선다면?

포토벨로 마켓은 낡은 것도 하찮게 여기지 않는 영국인의 기질 덕분에 고가의 제품은 물론 헐값의 낡은 물건까지도 그 가치에 걸맞은 대우를 받으며 '시장의 다양성'을 더해 주고 있었다. 영국인들에게 벼룩시장은 단순히 시장이 아니었다. 그 안에 문화와 예술, 역사까지 아우르는 거대한 지식의 장이었다. 벼룩이 들끓는 오래된 물건을 판다고 하여 벼룩시장이라 이름 지어졌다는데, 이 시장에선 벼룩 찾기는 어려워도 영국인의 정신만은 아직도 살아 있음을 확인할 수 있었다.

여행을 하면서 각 나라의 벼룩시장을 가보면, 어딜 가나 사람으로 넘쳐났다. 파리의 유명한 생투앙 벼룩시장은 주말에만 열리는 시장인데, 한 해약 1천 3백만 명이 넘는 사람들이 다녀간다고 한다. 도대체 어떤 곳이기에 그토록 많은 인파가 몰리는 것일까. 간혹 벼룩시장에서 산 그림이 알고 보니 진품이어서 상상할 수 없는 가격이 매겨져 뉴스에 등장하기도 한다.

이렇듯 일상생활 속에서 상상할 수 없는 즐거움과 행운을 만날 수 있는 곳이 벼룩시장이다. 벼룩시장에서의 쇼핑은 모래밭에서 다이아몬드를 찾는 것처럼, 복잡하게 널린 물건들 속에서 나만의 것을 찾는 일종의 보물찾기다.

또 역사가 있는 지역에서 벼룩시장은 축제의 장이 된다. 포토벨로 마켓도 축제가 열리는데, 매년 8월 공휴일 주간에 시작하는 '노팅힐 카니발'은 화려한 전통의상 행렬과 요란한 음악 연주로 런던의 대표적인 축제로 자리 잡았다.

　우리나라도 지역마다 벼룩시장을 잘 키워 낸다면 새로운 일자리와 함께 신산업을 일구는 효과를 낼 수 있지 않을까? 유럽의 벼룩시장에 가보면 작동이나 할까 싶은, 고장 난 물건부터 고급스러운 중고품까지 각양각색의 물건을 만날 수 있다. 누가 저런 쓰레기나 다름없는 물건을 사갈까 싶은데, 한국과 달리 유럽의 벼룩시장들은 불황의 시기에 더 활황이라고 한다. 또한 관광의 메카로 자리 잡은 지 오래다.

　벼룩시장을 활성화시키면 학생들에게는 시장 원리를 몸으로 체험하는 학습장이 될 것이다. 낡고 오래된 물건이지만, 그 속에 담긴 역사와 손길을 느끼며 자신들의 현재가 결코 과거와 동떨어져 있지 않음을 깨닫게 될지 모른다. 헌 물건도 소중히 다루면 가치를 만들 수 있다는 사실도 자연스럽게 익히게 될 것이다.

　한국에서 벼룩시장이 성공할 수 있을까? 거창하게 생각하지 않아도 될 것 같다. 파리의 벼룩시장도 처음에는 넝마주이들이 자신이 주워 온 물건들을 파는 것으로 시작했다고 하니 말이다. 성곽 주변 공터에 물건들을 펼쳐 놓자 구매자들이 나타났고 자연스럽게 시장의 형태로 발전되었다고 한다. 일시적인 행사가 아니라 새로운 문화를 만들 수 있는 한국형 벼룩시장의 등장을 기대해 본다.

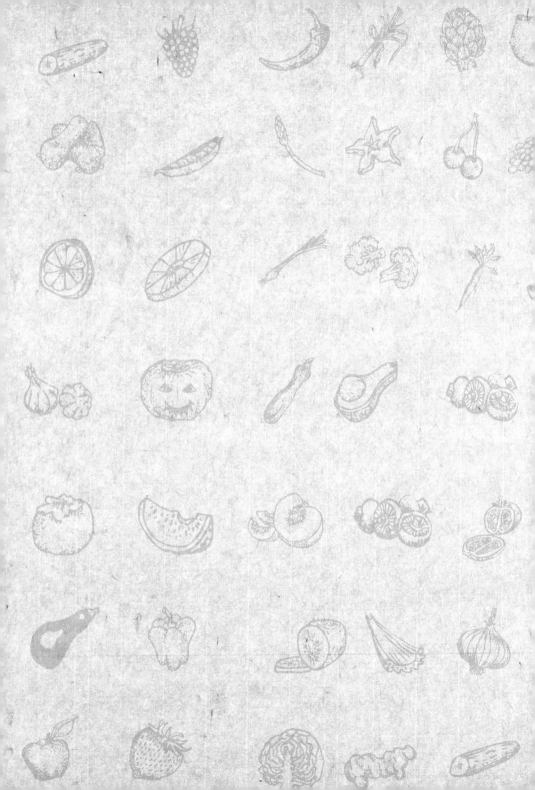

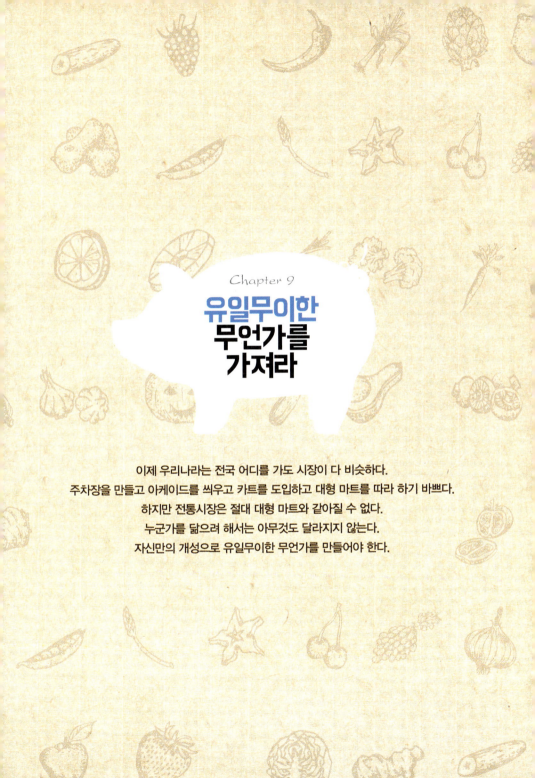

Chapter 9

유일무이한
무언가를
가져라

이제 우리나라는 전국 어디를 가도 시장이 다 비슷하다.
주차장을 만들고 아케이드를 씌우고 카트를 도입하고 대형 마트를 따라 하기 바쁘다.
하지만 전통시장은 절대 대형 마트와 같아질 수 없다.
누군가를 닮으려 해서는 아무것도 달라지지 않는다.
자신만의 개성으로 유일무이한 무언가를 만들어야 한다.

CHELSEA

MARKET

United States of
America

New York

시장에도
상상력이 필요해

미국 뉴욕 첼시 마켓(Chelsea Market)

●● 옛날 과자 공장 자리에 들어선 대형 식료품 매장. 작은 빌딩의 1층, 동굴 같은 통로 양쪽으로 가게들이 빽빽하게 늘어서 있다. 고소한 냄새를 풍기는 빵집에서부터 식료품 가게, 차 가게 등 종류도 다양하다. 평일에는 오전 8시부터 오후 7시까지, 일요일에는 오전 10시부터 오후 6시까지 운영한다.

주소 75 9th Ave, New York, NY 10011
(메트로 F, V라인 23번가(23rd St.) 역 하차)

홈페이지 http://www.chelseamarket.com

미국 뉴욕
첼시 마켓 Chelsea Market

　　　　1997년 4월 문을 연 첼시 마켓은 뉴욕의 전통시장으로 식재료의 보고다. 이름 그대로 '시장'이지만 동시에 갤러리이자 멋진 카페이며 전체가 하나의 예술품이라고 할 수 있을 만큼 다양한 매력을 지닌 곳이다. 허름하기 그지없는 빨간 벽돌 건물 안으로 들어서면 다른 세상이 펼쳐진다. 멋진 갤러리에 빈티지한 카페와 즉석에서 빵을 구워 주는 베이커리, 꽃집 등 뉴욕식 문화 공간이 시장으로 들어온 듯하다.

　우리나라의 전통시장 이미지와는 다소 거리가 있는데, 자연 발생적으로 생긴 시장이 아니라 1890년 세워진 과자 공장이 시장으로 새롭게 재탄생했기 때문이다. 누구나 한 번쯤 먹어 보았을 오레오^{Oreo} 쿠키. 코코아 맛의 검은색 비스킷 사이에 흰색 크림이 들어 있는 그 쿠키가 처음 태어난 곳이 바로 여기다.

버려진 공장, 시장으로 다시 태어나다

　백 년이 넘어 색이 바래고 낡은 붉은색 벽돌은 들어서는 입구에서부터 세월의 흔적을 느끼게 해주었다. 천장 곳곳에 노출된 파이프도 허름해 보이기보단 오히려 앤티크한 분위기를 만들어 주었다. 공장에서 작업용으로 쓰던 엘리베이터도 아직 운행되고 있어 현대의 고객들을 실어 나르며 시간 여행을 떠나게 해준다. 버려진 송수관을 그대로 살려 중앙홀에 인공

폭포를 조성했고, 원래 공장 건물을 관통하던 기차선로는 인테리어 장식으로 활용했다.

이렇듯 백여 년 전 과자 공장의 모습을 고스란히 간직하고 있는 첼시 마켓은 1층에는 푸드숍, 꽃집, 음식점, 아이스크림 가게, 베이커리, 와인숍 등이 자리하고 있고, 2층에는 각종 사무실과 푸드 채널, 뉴욕 원 같은 방송국, 메이저리그 구단 사무실 등이 들어와 있었다.

이곳에서 파는 식재료는 품질이 뛰어나 주변의 고급 호텔로도 공급된다고 한다. 시식 코너도 잘되어 있어, 하나 사려던 것도 두 개 이상 사게 했다.

구입한 음식을 편하게 맛볼 수 있도록 발길 닿는 곳마다 탁자와 의자들이 설치돼 있었는데, 저마다 독특한 디자인을 자랑하고 있었다. 또한 시장 벽면에는 빵, 쌀, 야채, 과일, 초콜릿으로 만든 익살스러운 작품들이 걸려 있어 갤러리에 온 것 같은 느낌을 주었다. 이만하면 시장 자체가 하나의 예술품이라 해도 과언이 아니다.

시장에 들어서면 볼거리와 더불어 고객의 코를 자극시키는 향기가 있으니 바로 바닷가재를 찌는 냄새다. 싼 가격에 푸짐한 바닷가재 한 마리를 통째로 즐길 수 있어 첼시 마켓에 온 사람은 다 한 마리씩 먹고 간다 해도 과언이 아니다. 바닷가재를 먹기 위해 이곳을 찾는 사람이 있을 정도다. 가격은 크기에 따라 18달러에서 38달러 선인데, 중간 사이즈에 20달러면 충분하다.

그 외에도 첼시 마켓에 가면 꼭 들러야 할 곳이 있다. 컵케이크와 쿠키를 파는 가게인데, 그 모양이 상상을 초월한다. 드라큘라 쿠키 시리즈는 관, 십자가, 미라, 좀비가 한 세트로 되어 있다. 오바마, 성조기, 자유의 여신상 등이 들어 있는 미국 세트는 관광 기념품으로 각광을 받고 있었다. 가게 한쪽에선 쿠키를 만드느라 여념이 없었는데, 실제 쿠키 만드는 과정을 고객들에게 보여 줌으로써 수제 쿠키임을 강조하고 있었다.

또 매주 수요일과 토요일에는 주방 기구를 파는 곳 앞에서 '사무라이 칼갈기 서비스'가 열린다. 첼시 마켓은 홈페이지를 통해 각 식당과 가게가 여는 이벤트를 알리고 손님들을 끌어모으고 있었다. 버려진 공장을 상상력 넘치는 시장으로 탈바꿈시킨 뉴요커의 센스를 확인하려는 한국인 관광객들의 발길도 잦다고 한다.

부수는 것이 능사는 아니다

첼시 마켓이 부러운 이유는 낡고 허름한 옛 과자 공장을 마치 종합 전시장처럼 바꾸어 놓았다는 것이다. 시장 구석구석에서 입이 떡 벌어질 만큼 기발하고 창의적인 보물들을 찾아내는 재미가 쏠쏠했다. 분명 낡았는데, 오래되었는데, 왜 오히려 더 세련되고 모던한 느낌이 드는 것일까? 그건 바로 옛것과 새것의 조화였다.

예술의 도시 뉴욕에서는 원래 있던 것들의 멋을 살리는 리노베이션으로 시장을 살려 냈다. 누구를 닮으려 하기보다는 자신만의 개성으로 유일무이한 마켓을 만들어 낸 것이다. 첼시 마켓의 성공 사례는 옛것을 부수고 번쩍이는 새 건물을 짓는 것만이 능사가 아님을 보여 준다.

오래된 시장을 되살리는 것이 매력적인 이유는 시장이 그 도시의 역사, 나아가 '서민들의 삶'을 품고 있기 때문이다. 시장은 단순히 상점들의 집합체가 아니라 하나의 생명체이며 공동체의 철학을 담고 있는 질그릇과 같다.

한국의 전통시장은 '현대화' 물결을 타고 예전부터 가지고 있던 역사나 전통은 모두 헌신짝처럼 버리고 새로운 옷으로 갈아입느라 바쁘다. 어떻게 하면 마트를 닮을 수 있을까 혈안이 되어 있는 것처럼 보인다.

전통시장은 절대 대형 마트와 같아질 수 없다. 아니, 같아져서도 안 된다. 왜, 무엇 때문에 전통시장에 가는지를 생각해 보라. 전통시장은 편리해서 가는 곳이 아니라, 또 다른 문화를 체험하기 위해 가는 곳이다. 편리함만을 좇는다면 마트에 가면 되지, 굳이 전통시장까지 갈 필요가 없는 것이다.

낡았지만 멋스럽고, 오래되었지만 촌스럽지 않고, 화려하지는 않아도 깊

● ● 첼시 마켓의 상점 안내판.

이 있고 소박한 맛이 영속적으로 흐르는 공간 말이다. 전 세계의 유행을 선도하는 뉴욕에서는 옛 것을 없애기보다는 세월의 흔적을 멋으로 여겨 되살리려는 움직임이 활발했다.

시장은 이제, 누군가를 따라 하거나 닮으려는 노력을 멈추어야 한다. 그렇게 해서는 아무것도 바뀌지 않는다. 그렇게 전통시장 활성화에 돈을 쏟아부었는데도 시장이 살아나지 않는 이유다. 그간 쌓아온 장사 경력으로만 보면, 전 세계 어디에 내놓아도 손색없을 정도의 전문가들이 모인 곳이 우리나라 전통시장이다. 남이 가진 것을 부러워하기보다는, 나만 가지고 있는 것에 집중해야 할 때다.

Chapter 9 유일무이한 무언가를 가져라   279

Barcelona ★
Spain

시장,
랜드마크가 되다

스페인 바르셀로나 산타 카테리나 시장(Mercat de Santa Caterina)

●● 　바르셀로나를 대표하는 250년 역사의 전통시장. 낙후한 지역 살림 때문에 문을 닫을 위기에 처하기도 했지만 혁신적인 디자인으로 이를 극복했다. 오전 7시 30분에 문을 열어 월요일은 오후 2시까지, 화, 토요일은 오후 3시 30분까지, 목, 금요일은 오후 8시까지 영업한다.

주소 Av Francesc Cambó, 16, 08003 Barcelona
홈페이지 http://www.mercatsantacaterina.com

스페인 바르셀로나
산타 카테리나 시장 Mercat de Santa Caterina

     스페인 바르셀로나의 구도시에 있는 산타 마리아 델 마르의 중세 교회와 대성당 사이의 좁은 길을 따라가다 보면, 이 도시에서 가장 화려한 지붕이 있는 건물을 만나게 된다. 멀리서 보았을 때 나는 이 건물이 시장일 것이라고는 전혀 생각지 못했다. 유선형의 지붕과 알록달록한 색상에 끌려 나도 모르게 발길이 그쪽으로 향했다. 그런데 현대 미술관이나 디자인센터가 아닐까 생각했을 만큼 독특한 외관을 가진 그곳은 산타 카테리나 시장이었다.

32만 5천 개의 타일로 시장 지붕을 만들다

     시장에 도착해서 가장 놀라웠던 부분은 단연코 시장의 지붕이었다. 육각형 도자기 타일 32만 5천 개를 배열해 만든 지붕은 색채가 물결치는 바다 같았다.

     주황색, 노란색, 연보라와 잘 익은 가지 같은 짙은 보라색, 화사한 녹색과 여린 연두까지 세상 모든 색의 향연이라 할 만한 이 타일들은 서로 다른 빛을 내며 시장을 아름답게 만들어 주고 있었다. 예순일곱 가지나 되는 지붕 타일의 색상은 시장에서 팔고 있는 과일과 야채, 생선들의 색상을 표현한 것이라고 한다.

     시장에 들어서는 순간 내가 알고 있는 모든 의태어가 봇물처럼 터져 나

● ● 색채가 물결치는 바다 같은 시장 지붕.
이 지붕 하나로 산타 카테리나 시장은 도시를 대표하는 랜드마크가 되었다.

왔다. 탱글탱글, 팔딱팔딱, 반짝반짝…… 지붕 아래 진열된 상품들이 나에게 말을 거는 듯 싱싱했다. 과일과 야채들이 내는 자연의 빛깔은 지붕의 색과 꼭 닮아 있었다.

산타 카테리나 시장은 1848년에 세워졌으니 무려 250년의 역사를 가지고 있다. 하지만 낙후한 지역 살림 때문에 문을 닫을 위기에 처했다. 시장의 재개발을 위해 모인 상인과 시 관계자들은 산타 카테리나 시장만이 가질 수 있는 디자인으로 리모델링되기를 원했다. 그래서 유명한 스페인 건축가 엔릭 미라예스Enric Miralles가 설계를 맡았다.

하지만 물결치는 지붕 구조의 복잡한 문양을 표현하기 위해서는 어려운 커브 모양에 맞도록 하나하나 손으로 잘라 낸 나무 조각들로 틀을 만들어야 했기에 시간이 오래 걸릴 수밖에 없었다. 1997년에 시작된 공사는 무려 8년의 시간이 걸려 2005년에 완공되었다.

나는 무엇보다 시장 리모델링을 위해 8년을 믿고 기다려 준 시장 상인들에게 박수를 보내고 싶었다. 긴 기다림이 있었기에 세상 어디에도 없는 아름다운 지붕이 탄생했고, 도시를 대표하는 '랜드마크'가 되었다. 산타 카테리나 시장은 죽기 전에 꼭 봐야 할 세계 건축물 명단에 이름을 올리기도 했다.

한국에도 이런 혁신적인 디자인을 입은 시장 건축물이 나오면 좋겠다. 그런 시장은 1, 2년 내에 급하게 만들려 하거나 당장 눈에 보이는 성과를 좇아서는 얻기 힘들 것이다. 창의적인 디자인을 인정해 주고 다소 길어질 수 있는 공사 기간 동안 믿고 기다려 주는 상인과 고객들이 있어야만 세계적인 '랜드마크' 시장이 탄생할 수 있는 것이다.

좋은 제품을 담아내는 훌륭한 디자인

지붕도 예쁘지만 지붕 아래도 예쁘기는 마찬가지였다. 실내는 유기적 곡선을 살린 철골에 나무로 내부 마감을 하여 인간적이고 따뜻한 느낌을 주었다. 철골의 형태를 보면 단순히 수직으로 올라가는 것이 아니라 나무 넝쿨이 하늘을 향해 올라가듯 자유로운 느낌이 살아 있다. 천장이 높고 나무로 마감되어 시장의 분위기가 뮤지컬 극장처럼 멋스럽다. 뒤쪽 출입구는 나무로 된 문틀 모양의 사각형을 불규칙하게 붙여서 바다 위에 나무 상자들이 둥둥 떠 있는 느낌을 주었다.

지붕에서부터 시장 내부까지 도대체 스타일리시하지 않은 곳이 없었다. 전통시장에 이렇게 완벽에 가까운 디자인을 적용했다는 것에 보는 내내 감탄사가 절로 나왔다. 전통시장을 활성화하기 위해서는 좋은 제품도 중요

● ● 산타 카테리나 시장의 싱싱한 채소와 과일들이 내는 빛깔은 시장 지붕의 색과 닮아 있다.

하지만 그것에 못지않게 훌륭한 제품을 담아내는 훌륭한 디자인이 있어야 함을 산타 카테리나 시장에서 배웠다.

시장의 제품들도 디자인에 뒤질세라 살아 있는 듯 싱싱했다. 넓고 청결한 통로에 현대적인 냉장 시스템이 갖추어져 있어 매대 위에 진열된 생선은 갓 잡아 올린 듯 신선해 보였다. 고객의 눈높이에 맞추어 자연스러운 경사로 진열된 과일은 마치 한 폭의 수채화처럼 아름다웠다. 과일, 채소뿐 아니라 직접 빵을 구워서 파는 가게, 꽃 가게, 정육점, 조리 도구 파는 상점까지 다양한 업종의 백여 개 상점들이 산타 카테리나 시장에 들어서 있다.

그런데 한참 시장을 돌다가 대형 슈퍼마켓을 발견했다. 들어가 보니 시장에선 팔지 않는 생필품을 팔고 있었다. 시장에서는 주로 1차 식품을 팔고, 이 슈퍼마켓은 시장에서 팔지 않는 휴지, 그릇, 앞치마 등의 공산품을 판매하고 있는 것이다. 1차 식품에서부터 생활에 필요한 모든 물건까지 안 파는 물건이 없으니 이 시장에 오지 않을 이유가 있겠는가.

슈퍼마켓을 돌아서 외부로 나가다 보니, 땅을 파다 만 흔적이 있었다. 아직 공사가 끝나지 않은 듯 보여 가까이 가보았더니 땅속에 유물처럼 보이는 것들이 있었고, 유리로 막아서 현장을 보존하고 있는 듯했다. 한 귀퉁이에는 유적에 대한 친절한 설명이 덧붙여져 있었다.

시장 재개발 공사 당시 로마 시대부터 이어져 온 고고학 유적이 발견되었는데, 고증을 거쳐서 유적 박물관으로 만들어 보존하고 있다고 한다. 유적지를 발굴하고 보존하려다 보면 재개발 기간이 상당히 길어질 수밖에 없다. 그럼에도 역사와 전통을 소중히 하는 그들의 정신이 고스란히 남아 박물관으로 재탄생한 것이다.

● ● 전광판으로 오늘 가장 신선한
재료가 무엇인지 알려 주는 레스토랑.

시장 리모델링 당시에도 과거 건물이 원래 가지고 있었던 구조는 그대로 두고 지붕이나 골조 등을 바꾸는 방식을 사용했다고 하니, 장인의 정신을 가진 건축가와 전통을 지키려는 상인들의 정신이 시장의 미래를 바꾸었다고 해도 과언이 아니다.

그날그날 가장 신선한 재료로 만드는 오늘의 요리

시장에는 안팎으로 쇼핑에 지친 몸을 쉬어 갈 수 있는 커피숍과 케이크 가게, 스낵바들이 곳곳에 있었다. 그중에서도 가장 넓고 세련된 레스토랑이 눈에 띄어 들어가 보았다. 빈자리가 없어 순서를 기다리며 사람들이 무엇을 먹고 있나 훔쳐보았다. 그런데 손님들이 모두 비슷한 요리를 먹고 있었다.

'저 요리가 유명한가? 이름이 뭐지? 저걸 시켜 먹어야겠다!'

그런데 레스토랑 입구 전광판의 붉은 시그널이 아까부터 계속 깜박이고 있었다. 주의사항을 알리는 건가 싶어 자세히 들여다보니, 깜빡이는 글귀 내용은 '오늘 가장 신선한 재료는 홍합'이었다. 또 홍합탕, 홍합 파스타, 홍합찜 등 홍합으로 만든 정식 세트들이 전광판에 표기되어 있었다. 홍합이랑 가장 어울리는 주류, 사이드 메뉴들도 함께 알려 주었다. 내가 본 것은 다양한 조리법으로 만든 홍합 요리였던 것이다.

한참을 기다려 우리 순서가 왔다. 옆 사람이 먹고 있는 요리를 가리키며 "저거 주세요" 했다. 우리나라에서 먹는 홍합탕과 맛이 비슷했는데 치즈와 올리브가 들어가 조금 더 고소했다. 담백하고 재료의 식감이 그대로 살아 있어 좋았다. 그날 가장 신선한 재료로 만들었다고 하니 왠지 더 맛있게 느껴지고 몸에도 좋을 것 같은 기분이 들었다.

그저 전광판으로 오늘 가장 신선한 재료라고 알려 주었을 뿐인데 사람들이 홍합으로 만든 음식만을 고집하는 것은 상술에 속은 것일까, 좋은 재료로 만든 음식을 먹이고자 하는 요리사의 마음에 감동한 것일까? 어쨌든 시장에서 물건만 본 것이 아니라 유적지도 보고 대단한 건축물 감상에 맛있는 음식까지 먹었으니 남는 장사를 한 것은 분명하다.

전통시장 현대화의 성공적인 모델

시장 리모델링 공사가 끝나고 처음 개장한 날, 무려 4만여 명이 시장을 보기 위해 운집했다고 한다. 스페인 시민들의 기대와 응원 속에 재탄생한 산타 카테리나 시장은 지역 생산자와 소비자, 전통과 현대 건축 사이에서 균형을 유지한 디자인으로 더욱 빛난다.

건축가의 예술적 코드와 대중의 실용적인 코드를 연결해, 누구나 쉽게 다가갈 수 있게 했다. 또 그 안에 창조적인 디자인 감각을 심어 놓아 시장을 찾는 누구라도 자연스럽게 흡수될 수 있게 했다. 창조는 어느 한쪽에 치우치지 않고 모든 사람에게 이로움을 주는 것이다. 그런 중용의 디자인 덕분에 시장은 사회공헌을 한 건축물에게 주는 카탈루니아 내셔널 상도 받았다.

시민, 관광객 모두에게 득이 되는 디자인으로 지역 재개발에도 기여한 산타 카테리나 시장은 전통시장 현대화의 성공적인 모델로 손에 꼽힌다. 그래서 건축학도와 디자인 전공자들이 스페인에 오면 빼놓지 않고 둘러보는 코스가 되었다.

디자인과 스타일에 대한 언급 없이는 바르셀로나에 대해 이야기하지 말라는 말이 있다. 그만큼 세련되고 멋있는 도시라는 뜻이다. 전통시장 하나를 지어도 이렇게 세련되고 멋있게 만드는 스페인 사람들에게 괜한 질투가 나는 것은 왜일까? 부러우면 지는 거라고 하는데 산타 카테리나 시장을 보고 나니 부럽다는 것을 인정할 수밖에 없었다.

Croatia

한 명의 창조자가
도시 하나를 살린다

크로아티아 자다르 바다 오르간(Sea Organ)

●● 　2차 세계대전 이후 자다르(Zadar) 재건 프로젝트 차원에서 진행된 설치물. 겉보기에는 시멘트 계단 구조물이지만, 그 밑에 지름이 각기 다른 35개의 대형 파이프가 설치돼 있어 바람이 불거나 파도가 칠 때마다 파이프를 통해 공명된 음이 작은 구멍을 통해 공중에 퍼진다.

주소 Ulica Zadarskog Mira 1358, 23000, Zadar

홈페이지 http://www.zadar.hr

크로아티아 자다르
바다 오르간 Sea Organ

　　　　　　처음 세계 일주 루트를 짤 때 크로아티아는 빠져 있었다. 하지만 기내 잡지에서 본 광고 문구가 예정에도 없던 크로아티아로 나의 발길을 향하게 했다.

　'아드리아 해의 진주, 지상낙원을 보려면 두브로브니크로 가라.'

　미국의 유명한 극작가 버나드 쇼가 이곳을 방문하고 한 말이라고 한다. 나중에 알고 보니 고현정이 출연한 커피 광고에도 등장했던 곳이었다. 그러고 보니 오래된 중세 도시의 한 카페에서 차를 마시는 장면을 얼핏 본 것 같기도 했다.

전문가란 처음의 열정을 잃어버린 사람이 아닐까

　헝가리 부다페스트에서 기차를 타고 6시간이 걸려 크로아티아의 수도인 자그레브에 도착했다. 기차역에서 숙소로 이동하는 동안 비가 엄청나게 내렸다. 길은 어두운데 비까지 내리고 배낭은 물에 젖은 솜처럼 무거웠다.

　겨우 민박집을 찾아 도착했는데, 황당하게도 침실이 하나뿐이었다. 하나밖에 없는 방에는 1인용 침대 세 개가 놓여 있었다. 민박집 주인은 거실 책장을 벽 삼아 소파에서 잔다고 했다. 이 초소형 민박집을 운영하는 주인은 두 달 전 이곳으로 유학 온 스물다섯의 여학생이었는데, 유학비에 보태려고 민박집을 열었다고 했다.

● ● 자그레브 전경. 이곳에서 만난 신참 민박집 주인은
처음 시작할 때의 순수한 열정을 다시 떠올리게 해주었다.

비를 맞은 탓에 곧바로 잠이 들었다. 새벽 5시쯤 되었을까? 부엌에서 뚝
딱뚝딱 도마질 소리가 들렸다. 우리가 먹을 아침을 준비하는 소리였다.

'이렇게 이른 시간부터 요리를? 아마 대단한 요리를 하는가 보다.'

아침 밥상이 궁금해 문틈 사이로 거실과 부엌을 살짝 훔쳐보았다. 거실
에 켜진 모니터 위에는 인터넷으로 제육볶음 만드는 법이 떠 있었다. 젊은
주인은 중간중간 레시피를 커닝하느라 부엌과 거실을 분수히 오가고 있었
다. 요리가 잘 안되는지 7시쯤에는 깊은 한숨 소리가 새어 나왔다.

그간 엄마가 해주는 밥만 먹었지 요리를 얼마나 해봤겠는가. 손님을 받
았고 음식은 해줘야 하니, 인터넷의 가르침을 충실히 따르는 중일 것이다.

새벽 5시에 시작된 요리는 온 동네 사람들을 다 깨울 정도로 매콤한 냄새를 풍기며 아침 8시가 되어서야 끝이 났다.

그날 아침 식탁 위에는 제육볶음과 콩나물국, 계란말이, 양배추찜이 올라왔다. 태어나서 그렇게 매운 제육볶음은 처음이었다. 맛이 제대로 나지 않으니 고추장을 계속해서 넣은 모양이었다. 그걸 먹고 나는 배탈이 났다. 다음 날 새벽에도 그녀는 어김없이 요리를 시작했다.

나는 세 명의 고객을 감동시키기 위해 새벽부터 최선을 다하는 그 모습이 너무 예뻐서, 맵고 짜고 간이 맞지 않아도 그녀가 해준 음식을 남김없이 맛있게 먹었다. 요즘도 가끔 식당에서 제육볶음을 먹을 때면 자그레브 민박집 젊은 주인의 모습이 떠오른다.

여행을 하며 20년 경력의 베테랑 민박집도, 문을 연 지 2개월 된 민박집에도 가보았다. 20년 된 민박집은 자신이 20년 경력의 전문가임을 자부하며 그럴듯하게 광고했다. 그 전문가라는 말을 믿고 갔지만, 그 주인은 첫날 잠시 보고는 그 뒤로는 한 번도 볼 수 없었다.

그곳에서 잘 짜인 전문적인 관광 정보는 얻었을지 몰라도, 나는 어떠한 감동도 받지 못했다. 그들에게 손님은 매출의 대상으로밖에 보이지 않는 듯했다. 하지만 이 자그레브의 신참 민박집 주인은 자신이 할 수 있는 최고의 정성을 다해 손님을 대했다. 처음이라 다소 서툴고 세련되지는 못했지만 그 안에 담긴 순수한 열정만큼은 손님을 감동시키기에 충분했다.

어쩌면 전문가란 그 일을 처음 시작했을 때의 순수한 열정을 잃어버린 사람의 다른 말일지도 모르겠다는 생각이 들었다. 나도 VMD라는 분야에 몸담은 지 어느새 20년이 되었다. 서툴지만 열정 가득한 스물다섯의 민박집 주인을 보며, 처음의 순수한 열정은 사라진 채 경력 20년이란 껍데기만 남은 것은 아닌지 스스로를 돌아보게 되었다.

한 명의 예술가가 잊혀 가던 항구를 되살리다

2박 3일간의 자그레브 관광을 마치고, 바로 두브로브니크로 갈까 했지만 꼬불꼬불 해안선을 따라가는 11시간의 버스 이동이 무리일 것 같아 중간에 다른 곳에 들러 가는 것으로 일정을 잡았다. 첫 번째 코스는 자그레브에서 차로 2~3시간 거리에 있는 플리트비채 국립공원Plitvice Lakes National Park이었다. 두 번째 들른 곳은 민박집에 같이 묵었던 언니가 알려 준, '바다 오르간'으로 유명하다는 자다르였다.

예정에 없던 두브로브니크에 가고, 또 생각지도 않았던 여러 곳을 경유하게 되니 여행은 참 계획대로 되는 것이 아닌가 보다. 우리 인생처럼 말이다. 그런데 바다 오르간이 뭐지? 바다 근처에 대형 오르간이 있나? 그럼 그걸 누가 치지? 궁금증을 해결하기 위해 자다르로 갔다.

과거 자다르는 상선과 여객선들이 자주 드나드는 주요 기항지였다고 한다. 하지만 항해하는 배가 점점 커짐에 따라 수심이 낮은 자다르는 항구로서의 역할을 상실해 갔다. 일자리를 잃은 많은 사람들이 이곳을 떠났고 도시는 황폐해졌다. 그러자 남은 사람들이 이곳을 살리기 위해 아이디어를 모았다. 파도를 이용한 바다 오르간은 많은 사람들의 과거의 영광을 되찾기 위한 노력의 결과물이다.

바다 오르간은 니콜라 바시츠Nikola Bašić라는 크로아티아의 천재적인 설치 예술가가 2005년에 만든 것이다. 세계 최초의 바다 오르간으로 '유럽

●●● 석양 무렵의 바다 오르간 계단. 알프레드 히치콕 감독은 '세상에서 가장 아름다운 석양'이라고 극찬했다.

공공장소 설치예술상'을 수상한 바 있다. 바닷가 산책로를 따라 직경이 각기 다른 오르간 파이프들을 75미터에 걸쳐 수직으로 박아 놓았는데, 파도가 철썩거리며 바람을 불어 넣으면 35개의 오르간 파이프에서 각기 다른음이 흘러나온다.

우리가 흔히 알고 있는 오르간의 형태가 겉으로 드러나 있지 않아서 소리를 직접 들어 보기 전엔 실감이 나지 않는다. 하지만 가만히 귀를 기울여보면 "뿌~ 웅~ 삐~ 나~"하는 소리가 마치 고래가 노래를 부르는 것처럼신비롭게 들린다.

해가 뜰 무렵, 석양이 질 때, 비가 올 때, 맑은 날, 파도의 높이와 바람의세기에 따라서 매 순간 다른 소리를 내는 것이 너무나 신기했다. 파도가 거의 없는 고요한 날에도 수면의 미묘한 움직임을 따라 24시간 쉬지 않고 부드럽게 소리를 낸다. 바다에 의해 세상에서 가장 오랫동안 연주되는 파이프 오르간이다.

모두에게 잊혀 가던 작은 항구를 한 명의 천재적인 예술가가 세계적인명소로 만들어 놓은 것이다. 내가 보기에 더 대단한 것은 그가 그 아이디어를 제안했을 때 지역 공무원들과 최종 결정자가 승낙을 했다는 사실이다.

"야! 소리 안 나면 네가 책임질 거야? 그냥 평소 하던 대로 방파제나 만들어. 괜히 돈 들여서 했다가 제대로 안되면 욕밖에 더 먹겠냐."

그런 평범하고 일상적인 결정을 했다면 오늘날의 자다르는 존재하지 않았을 것이고, 역사 속으로 사라졌을 것이다.

상상을 초월한 아이디어와 그것을 알아보는 눈을 가진 사람, 도전을 멈추지 않는 열정을 가진 사람이 진짜 전문가일 것이다. 내가 전문가랍시고 기존에 하던 것만 답습하고, 새로운 아이디어를 무시하고, 다른 사람의 열정을 기만한다면 그 사람은 더 이상 전문가라고 할 수 없다. 이제 바다 오르간은 전 세계에서 유일한 것이 되었고 그것을 보기 위해 전 세계의 관광객들이 이곳을 찾아온다.

노을이 지자 사람들은 오르간 계단으로 모여들었다. 속이 훤히 들여다보이는 깨끗한 바다는 무어라 표현할 수 없을 정도로 그 빛깔이 아름다웠고, 그 속을 노니는 물고기들은 음악을 감상이라도 하듯 천천히 노닐었다. 자연 그대로의 아름다움을 해치지 않고 조화롭게 자리 잡은 바다 오르간. 그 소리를 들으면서 일몰을 본다면, 알프레드 히치콕 감독이 극찬했던 '세상에서 가장 아름다운 석양'을 영원히 잊지 못할 것이다. 얼굴을 본 적은 없지만 자다르의 바다 오르간을 선물한 그 전문가에게 감사드린다.

자다르를 거쳐 드디어 최종 목적지인 두브로브니크에 도착했다. 대부분 유럽의 성들이 박제된 박물관처럼 유적들로 채워져 있는 것과 달리 두브로브니크 성의 구시가는 크로아티아인의 일상과 삶이 고스란히 배어 있었다.

좁고 작은 골목을 지나다 보면 과일 시장이나 주민들의 단골 이발소, 정육점을 마주치게 된다. 성벽 밖 바다에서는 수영을 하는 사람들을 쉽게 볼 수 있다. 중세 시대에도 아마 그렇지 않았을까. 유네스코는 이 견고하고 탐스러운 두브로브니크 구시가 전역을 세계문화유산으로 지정했다.

크로아티아는 정말 종합 선물세트 같은 나라다. 눈으로 보는 '요정들의 숲' 플리트비체, '바다 오르간'의 선율을 들을 수 있는 자다르, '지상 낙원'

이라 불리는 두브로브니크. 무엇보다 크로아티아가 내게 준 귀한 선물은
전문가가 가져야 할 순수한 열정과 남들이 보지 못하는 것까지 볼 수 있는
넓은 시선에 대한 깨달음이었다.

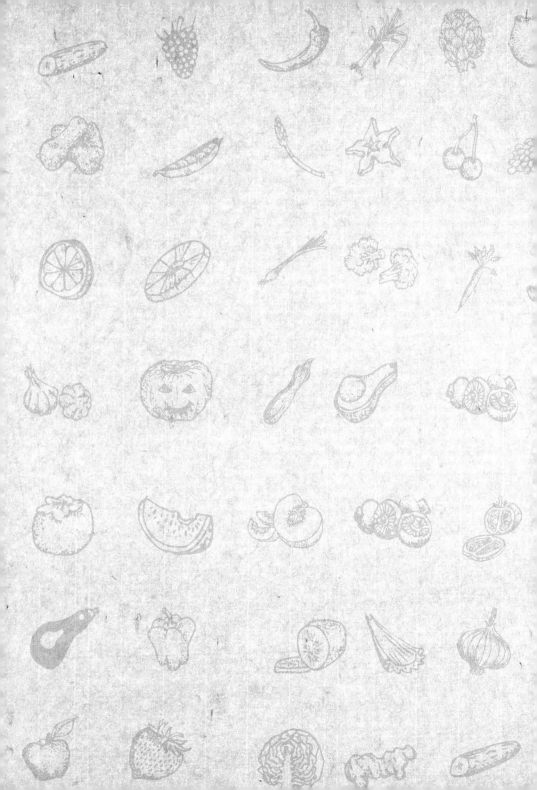

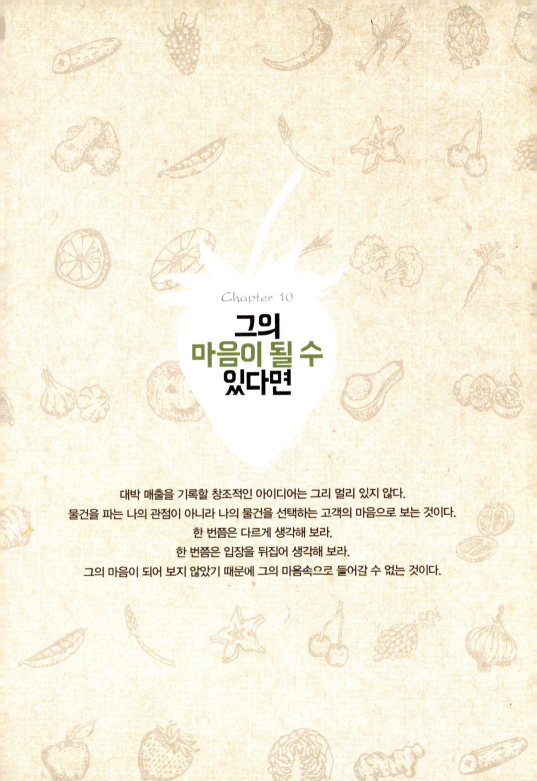

Chapter 10

그의 마음이 될 수 있다면

대박 매출을 기록할 창조적인 아이디어는 그리 멀리 있지 않다.
물건을 파는 나의 관점이 아니라 나의 물건을 선택하는 고객의 마음으로 보는 것이다.
한 번쯤은 다르게 생각해 보라.
한 번쯤은 입장을 뒤집어 생각해 보라.
그의 마음이 되어 보지 않았기 때문에 그의 마음속으로 들어갈 수 없는 것이다.

Japan

Osaka

그의 마음속으로
들어갈 수 있다면

일본 오사카 구로몬 시장(黑門市場)

●●   170년의 역사를 자랑하는 오사카의 전통시장. 식품과 생활용품 등 다양한
제품을 구입할 수 있다. 저렴하고 맛있는 요리를 즐길 수 있는 맛집이 많으며, 튀김
종류가 유명하다. 오전 9시부터 오후 6시까지 영업하며, 하절기(7월 21일~8월 31일)
에는 8시 30분까지 문을 연다.

—

가는 방법 센니치마에(千日前)선 니혼바시(日本橋)역 10번 출구 앞

일본 오사카
구로몬 시장 黑門市場

오사카의 부엌이라 불리는 구로몬 시장을 찾았다. 메이지 시대까지는 근처에 있는 엔메이지사의 이름을 따 엔메이지 시장이었으나, 절에 검은 문이 생긴 이후로 지금의 이름으로 바뀌었다고 한다. 이곳을 찾았을 때는 초봄이었다. 봄이라고는 해도 날씨가 쌀쌀했는데, 일본의 시장 골목은 한국만큼이나 추웠다. 그런데 이곳에서 잔뜩 굳은 몸뿐 아니라 마음까지 말랑말랑하게 해주는 가게를 만났다.

길게 자른 딸기 꼭지 하나로 대박 매출

한 과일 가게 앞을 지나치는데 많은 사람이 몸을 숙여 무엇인가를 열심히 주워 담고 있었다. 노란 소쿠리에 빨간 딸기들이 소복이 담겨 있고, 사람들은 딸기를 사기 위해 길게 줄을 서 있었다. 멀리서 얼핏 보니 제법 알이 굵은 딸기에는 긴 이쑤시개가 꽂혀 있었다.

'딸기에 웬 이쑤시개? 손으로 딸기를 집으면 물러지니 그렇게 만들어 놓았나?'

궁금한 마음에 가까이 다가가서 살펴보고는 깜짝 놀랐다. 그건 이쑤시개가 아니고 딸기 꼭지였다. 한국의 대부분 가게들은 딸기 꼭지를 짧게 잘라서 한 팩씩 포장해서 판다. 그런데 구로몬 시장의 과일 가게에서는 딸기의 꼭지를 5센티미터 정도로 길게 잘라서 구매자가 원하는 딸기를 용량별 팩

●● 딸기 꼭지를 5센티미터 길게 잘라
구매자가 직접 담아 가도록 한 과일 가게.

에 직접 담아서 가져가도록 해놓았다.

왜 저렇게 꼭지를 길게 잘랐을까? 궁금해졌다. 짧게 잘라서 한 팩씩 담아서 팔면 편할 텐데 말이다. 그런데 주인의 답변이 너무나 서정적이었다.

"봄이 와도 봄을 즐길 수 없는 도시인들에게 아주 짧은 시간이지만 봄을 선물해 주고 싶었어요."

이 사람은 과일 가게 주인이 아니라 시인을 해야 할 것 같았다. 어린 시절 시골에서 자란 나는 딸기 밭에 가서 배 터지게 딸기를 먹고 양손 가득 딸기를 따 왔던 기억이 있다. 하지만 도시에 사는 바쁜 현대인들은 봄이 와도 봄을 느낄 시간적 여유가 없다. 딸기 밭에 갈 시간은 더더욱 없다. 하지만 이렇게 직접 손으로 딸기를 고르며 잠시나마 봄을 즐길 수 있을 것이다.

그는 딸기 꼭지를 남들보다 조금 더 길게 자르는 것으로 고객의 마음속으로 들어간 것이다. 나를 감동시킨 것은 각박하게 살아가는 도시인들에게 잠시라도 딸기 밭의 추억을 선물하고 싶었다는 그 마음이었다. 그리고 그 덕분에 이 가게에 온 사람들의 마음도 한순간 딸기 밭으로 향했을 것이다.

대박 매출을 기록할 창조적인 아이디어는 그리 멀리 있지 않다. 내가 하고 있는 일 속에서 반복되는 일상의 통념을 비틀고 뒤집고 흔들면 새로운 통찰이 생긴다. 오랫동안 동일한 패턴이 이어지면서 어느 한쪽으로 굳어져 버린 생각과 행동으로는 딸기 꼭지를 길게 자른다는 생각을 할 수 없다.

고객의 굳어진 마음을 말랑말랑하게 만들고 싶다면 그를 기쁘게 할 방법을 찾으면 된다. 물건을 파는 나의 관점이 아니라 나의 물건을 선택하는 고객의 마음으로 보는 것이다.

'이 봄날 얼마나 딸기 밭에 가고 싶을까? 아이들 손을 잡고 가서 딸기를 한 바구니 따서 담아 오고 싶지 않을까? 그에게 딸기 밭의 추억을 되돌려 주자. 그럼 그 사람이 기뻐하겠지?'

그러면 절로 신이 날 것이다. 물건을 파는 나도 신 나고, 물건을 사는 그도 신 난다.

'딱딱 한 팩에 담아 빨리빨리 팔아 치워야지, 한 알 한 알 담는 고객을 언제 기다린단 말이야. 그렇게 진열하면 시간이 오래 걸리고, 번거롭잖아.'

그래서 당신 가게에는 손님이 없는 것이다. 늘 내 입장만 생각하니까, 늘 하던 생각만 하니까. 한 번쯤은 다르게 생각해 보라. 한 번쯤 입장을 뒤집어 생각해 보라. 그의 마음이 되어 보지 않았기 때문에 그의 마음속으로 들어갈 수 없는 것이다.

306

대리석으로 된 시장 바닥

시장 통로를 걷다가 깜짝 놀랐다. 시장 바닥이 대리석으로 되어 있지 않은가! 처음 들어설 때부터 고급스럽고 깔끔한 분위기에 여기가 시장이 맞나 잠깐 의심이 들었던 것도 바로 대리석으로 된 바닥 때문이었다.

폭 4미터 정도의 넓은 동선을 확보하고 대리석을 깐 이유는 자전거를 교통수단으로 주로 이용하는 일본 고객들의 쇼핑 패턴에 맞춘 것이라고 했다. 넓어진 시장 통로는 자전거 쇼핑을 가능하게 했고, 이는 주변의 할인점이나 백화점보다 오히려 뛰어난 접근성을 갖게 했다. 그리고 회색과 푸른색의 고풍스러운 대리석 바닥은 진열된 시장 상품들을 더욱 고급스럽게 만들어 주고 있었다.

통로를 개선한 이후 방문 고객 중 2, 30퍼센트는 자전거를 타면서 쇼핑

● ● 구로몬 시장은 넓은 통로에 대리석을 깔아 자전거를 이용하는 고객들이
마트보다 더 편리하게 쇼핑할 수 있게 했다.

● ● 구로몬 시장은 모든 점포가 정찰제를 고수하고 있으며,
믿을 수 있는 상품을 제 가격에 파는 것으로 고객의 신뢰를 얻었다.

을 즐긴다고 한다. 시장 바닥이 울퉁불퉁하지 않고 매끈하게 되어 있으니 자전거 고객도, 유모차를 끌고 오는 젊은 주부도 힘들이지 않고 쇼핑을 할 수 있다.

시장 상인인 나의 입장에서 본다면 시장 바닥에 대리석을 깔 이유는 아무것도 없다. 하지만 자전거를 끌고 장을 보러 오는 그의 마음이 되어 보았기에 대리석 바닥이 더 나을 수 있겠다는 생각을 할 수 있었을 것이다. 1820년대 구로몬 시장이 처음 문을 연 이래 지금까지 옛 명성을 그대로 이어 올 수 있었던 것도 내가 아니라 철저히 그의 마음이 되었기 때문이 아닐까.

정찰제로 고객의 신뢰를 얻다

한국의 전통시장과 마찬가지로 일본의 전통시장도 1970~80년대부터 거대 자본을 앞세운 대형 유통업체들에게 소매 상권의 상당 부분을 내어 주며 어려움을 겪어 왔다. 일본 최대 번화가 중 하나로 꼽히는 도톤보리 인근의 구로몬 시장도 예외는 아니었다.

구로몬 시장은 떠나가는 고객의 마음을 붙잡기 위해 시설 현대화 작업을 실시했다. 이미 30년 전, 여름철과 비 오는 날 장을 보러 오는 고객들의 편의를 위해 천막으로 된 아케이드를 설치했고, 2004년에는 환기와 조명 시설을 갖춘 현대식 아케이드로 교체했다. 덕분에 바다에 접한 오사카 특유의 습한 여름철 무더위가 기승을 부려도 시장 내 온도는 바깥보다 3~4도가 낮아 거의 더위를 느낄 수 없다고 한다.

시장의 상점들은 모든 상품을 깨끗하게 소포장해, 주변 백화점이나 대형 소매점과 당당하게 경쟁하고 있었다. 전 제품이 정찰제를 고수하고 있었으며, 믿을 수 있는 상품을 제 가격에 판다는 전략을 내세워 고객들에게 신뢰를 얻었다. 구로몬 시장의 생존 비결은 '양'이 아니라 바로 '질'에 있었다.

170년이나 되는 시장의 역사답게 대다수 상점들이 3, 4대를 이어 오며 철저하게 단골 관리를 하고 있는 점도 구로몬 시장이 가진 탁월한 경쟁력이다. 180여 개 상점 대부분이 2백 여 명에서 많게는 2천 명까지 단골 리스트를 갖고 있다고 한다. 또한 할인점보다 나은 배달 서비스로 단골 고객 중 절반 이상이 대를 이어 또다시 시장을 찾고 있다고 했다.

만약 시장을 제대로 구경하고 싶다면 초입에 있는 아무 점포에나 들어가 '시장 지도'를 달라고 하면 된다. 여기에는 모든 상점의 이름과 특징이 잘 정리되어 있으며, 점포 위치와 전화번호, 취급물품 등이 한 장의 지도 앞뒤로 빼곡히 적혀 있다. 또 지도 뒷면에는 시장에서 열리는 각종 행사 스케줄이 월별로 나와 있다.

그중에서도 가장 눈에 들어오는 것은 계절별로 '생선의 날'이나 '과일의 날' 등을 정해 파격적인 할인 행사를 하고 있는 점이었다. 그 철에 꼭 먹어야 하는 제철 음식들을 이런 행사를 통해 고객들이 챙겨 먹기를 바라는 상인들의 마음이 담겨 있는 것이다.

이외에도 상인조합에서 상점별 할인 쿠폰을 모은 전단을 발행해서 매주 토요일이면 시장 내 대부분 가게가 참여하는 5~10퍼센트 할인 행사를 한다. 그뿐 아니라 상품 구매 포인트 적립, 야시장 행사 등 연중 다양한 이벤트를 통해 고객의 발길을 시장으로 모으고 있었다.

백화점과 할인점이 골목 상권을 장악하여 오사카 시내 대다수 전통시장이 사라지는 속에서도 구로몬 시장은 고객들의 마음을 잘 헤아린 변화로 하루 2만 명이 찾는 시장으로 살아남았다.

전통과 편리함이 공존하는 구로몬 시장을 더욱 빛나게 하는 것은 시장의 정신을 각각의 점포들이 실천하고 있다는 점이었다. 딸기 꼭지를 길게 잘라 고객의 마음을 먼저 헤아리는 작은 정성이 고객들에게 그대로 전달된 것이다. 이렇듯 고객이 쉽게 찾아와 편리하게 쇼핑할 수 있다면, 또 품질 좋은 상품이 준비되어 있다면 전통시장이 살아남지 못할 이유는 없다.

Barcelona ★
Spain

그녀의 쇼핑이
힘들지 않도록

스페인 바르셀로나 보케리아 시장(Mercat de La Boqueria)

● ●　아름다운 진열로 유명한 시장. 1217년에 생긴 이 시장은 바르셀로나의 대
표적 번화가인 람블라스 거리에 위치해 있다. 단순히 먹거리를 구입하기 위한 시장
이 아니라 관광형 전통시장으로 전 세계 관광객들이 모여드는 곳이다. 오전 8시에서
오후 5시 30분까지 영업하며 일요일은 휴무다.

주소 Rambla, 91, 08002 Barcelona
(지하철 리세우(Liceu) 역 하차)

홈페이지 www.boqueria.info

스페인 바르셀로나
보케리아 시장 Mercat de La Boqueria

스페인 바르셀로나 하면 무엇이 먼저 떠오르는가. 축구를 좋아하는 사람이라면 FC 바르셀로나를, 건축이나 디자인에 관심이 많은 사람이라면 가우디가 만든 세계적인 건축물들을, 음식을 좋아하는 사람이라면 하몬이나 파에야 등을 떠올릴 것이다. 전통시장을 사랑하는 나에게 그 모든 것을 합친 것보다 더 흥미롭고 즐거웠던 곳은 보케리아 시장이었다.

보케리아 시장은 판매 품목 중 상당수가 과일들로 이루어져 있다. 과일 천국이라 불러도 손색이 없을 정도다. 이 시장이 여타 과일 시장들과 차별화되는 이유는 생과일만 판매하는 것이 아니라 다양하게 가공된 과일 먹거리들을 함께 제공하고 있다는 데 있다. 먹기 좋게 말린 건과일에서부터 과일과 초콜릿이 결합된 상품, 과일로 만든 사탕, 젤리 등등 과일과 관련된 것은 없는 것 빼고 모두 볼 수 있는 곳이다.

과일 진열, 예술이 되다

시장 입구에 들어서면서부터 나는 깜짝 놀랐다. 과일 가게 앞에서 기념 촬영이 한창이었다. 가우디 건축물도 아니고 연예인이 있는 것도 아닌데 웬 촬영? 사람들 틈을 비집고 앞으로 나갔다. 과일 가게 앞에 도착하자 총천연색의 다양한 과일들로 벽면과 천장, 테이블까지 가득 채워져 있었다.

314

●● 보케리아 시장을 찾은 손님들은 한 폭의 그림처럼
아름다운 과일 진열 앞에서 저마다 기념촬영이 한창이다.

모든 과일을 초록색 잎사귀 위에 하나하나 정성스럽게 탑처럼 쌓아 놓
았다. 나 또한 과일을 진열해 보아서 아는데 둥근 과일을 탑처럼 쌓는 일은
결코 쉽지 않다. 금방 모양이 흐트러지고 굴러떨어지기도 쉽다. 바닥 부분
은 같은 과일 중에서도 큰 것으로 골라야 하고 위로 갈수록 사이즈가 조금
씩 달라져야 하며, 같은 라인에 있는 과일들은 굵기가 비슷해야 예쁜 탑이
될 수 있다.

저렇게 쌓기도 힘들지만 아침마다 이 일을 반복한다니 정말 대단하다는
생각이 들었다. 아무튼 이러한 어려움에도 불구하고 마이산의 석탑처럼 쌓

인 둥근 과일 탑들이 테이블 가득 고객들의 플래시 세례를 받고 있었다. 그 아름다운 자태는 충분히 그럴 자격이 있었다. 보케리아 시장 과일 매장의 진열은 한 폭의 그림처럼, 아니 그보다 더 감동적이었다.

　무엇이든 자신의 일에 혼을 불어넣고 정성을 다하는 순간, 고객이 알아본다. 그래서 그 과일 매장 앞에 절로 고객들의 발길이 멈추고 많은 사람이 그 광경에 열광하는 것 아니겠는가. 정성과 감정은 전달되기 마련이고, 사람들은 기꺼이 지갑을 열어 그 정성에 비용을 지불한다.

　길거리를 다니다 보면 평범한 과일 가게를 많이 보게 된다. 도매상에서 가져온 그대로 박스만 개봉해서 파는 곳이 대다수다. 그 옆에 한 소쿠리씩 담아 판매한다. 정성 들이지 않고 아무렇게나 진열해 놓은 상품을 보면 안타까운 마음이 먼저 든다. 조금만 진열 방법을 바꾸면 남과 다른 특별한 곳이 될 텐데, 왜 남들과 똑같이 해놓았을까?

　기존에 해오던 방식이 너무나 익숙하고, 새로운 방법을 시도하는 것이 귀찮기 때문일 수도 있고, 다른 사람들이 다른 방식으로 멋지게 해놓은 것을 본 적이 없어서일 수도 있다. 그래서 늘 눈을 크게 뜨고 다른 사람들은 뭘 하는지 발품을 팔고 시간을 내어 구경 다녀야 하는 것이다. 변화는 발끝에서 시작된다.

관광객의 마음을 헤아린 과일믹스 꼬치

　보케리아 시장은 전 세계 관광객들이 즐겨 찾는 시장이다. 그래서 소포장 제품들이 단연 인기다. 여행 온 사람들이 과일을 한 바구니씩 사서 배낭에 넣고 돌아다닐 수는 없지 않겠는가.

● ● 달콤한 군것질거리를 먹으며 쇼핑하면 자연히 천천히 걷게 되고
쇼핑 시간이 길어져 다른 품목의 매출까지 동반 상승한다.

이 화려하고 멋진 과일 가게에서 실제 매출을 올려 주는 효자 상품은 다양한 과일들을 먹기 좋게 잘라서 꼬치에 꽂은 과일믹스 꼬치다. 이것 외에도 작은 통에 다양한 과일들을 먹기 좋게 쌓아서 소포장한 것들이 산처럼 높이 쌓여 있었다. 테이크아웃 하기 좋게 만들어진 미니 과일 도시락은 불티나게 팔려 나갔다.

그러고 보니 시장을 구경하는 사람들 손에서는 과일 도시락이나 주스, 과일 막대사탕 같은 것들이 하나씩 다 쥐어져 있었다. 이렇게 달콤한 걸 먹으면서 쇼핑하면 시장 전체의 매출이 늘어난다는 사실! 당류는 사람들의 기분을 순식간에 업up시키고, 쇼핑도 즐겁게 만든다. 또한 먹으면서 걸으니 자연 천천히 걷게 되고, 쇼핑 시간이 길어져 시장 전체의 매출을 높일 수 있다는 장점이 있다. 시장 입구에 과일 가게를 배치하는 이유도 바로 여기에 있다.

보케리아 시장이 매출이 높고 방문객이 많은 데는 시장 입구에서 파는 과일 꼬치와 주스가 한몫을 했다고 볼 수 있는 것이다. 한국의 전통시장 중에서도 매출이 높은 시장을 살펴보면 군것질거리가 많은 시장인 경우가 많다. 이러한 군것질거리는 다른 품목들의 매출까지 동반 상승시키기 때문에 시장 입구에 손님들이 쉽게 구매할 수 있는 먹거리를 배치하고 활성화시키는 전략이 꼭 필요하다. 남대문 시장의 경우, 입구에 있는 호떡 가게가 시장을 둘러보는 고객들에게 큰 에너지원이 되는 것이다.

한국의 관광형 시장은 관광객들을 위한 배려가 많이 부족하다. 진열 형태에서부터 관광객을 전혀 고려하지 않고 있음이 드러난다. 말만 관광형이지 모든 것이 판매자가 편리한 대로 되어 있다. 한번은 동해안에 있는 꽤 유명한 관광형 수산 시장을 방문했다. 2층으로 올라가니 건어물 가게들이 있었는데, 하나같이 오징어를 한 축씩 포장해서 판매 중이었다. 물론 쥐포도 대용량으로 포장되어 있어 감히 살 엄두를 못 냈다.

나처럼 혼자 가거나 차 없이 가는 고객들이 오징어를 한 축씩, 쥐포를 한 상자씩 사서 어떻게 관광을 다닐 수 있겠는가. 관광형 시장이라면 당연히 오징어를 한 마리씩 포장해서 팔아야 한다. 물론 쥐포도 2, 3마리씩 소포장해야 한다. 두 가지 모두를 맛보고 싶은 고객을 위해 오징어 한 마리, 쥐포 한 마리를 넣고 '오징어가 쥐포를 만나면'이란 문구를 넣어 팔면 어떨까?

정부의 지원만을 목매고 기다릴 것이 아니라 상점을 운영하는 개별 점포에서부터 나의 마음이 아닌 관광을 오는 그 사람의 마음이 되어 보면 어떻게 해야 하는지 답이 나올 것이다. 그의 마음이 된다면 이런 과일 도시락도 탄생할 수 있지 않을까?

'과일을 통째로 들고 다니면 무거우니 여행하면서 피곤하지 않도록 소포장해서 줘야지. 과일은 색깔별로 영양소가 다르니 궁합이 맞는 과일들을 모아서 한입 크기로 잘라 포장하고 이름을 붙이는 거야! 여행이 더욱 즐거워지는 살아 있는 비타민 도시락 ○○○.'

고객을 위하는 길이 결국 나를 위한 길임을 잊어서는 안 될 것이다.

그 자체로 즐거움이 되고 볼거리가 되는 진열

과일 가게뿐 아니라 보케리아 시장의 점포 하나하나는 자신만의 독창적인 기법으로 상품을 진열하고 있었다. 당도가 유난히 높은 오렌지를 건축

● ● 진열을 예술의 경지로 끌어올린 보케리아 시장의 진열 모습.

물처럼 쌓아서 자신의 이니셜을 만들어 놓은 가게부터 어느 곳 하나 똑같은 진열을 한 곳이 없다. 천재 건축가 가우디의 후손답게 진열이 예술의 경지라고나 할까?

계란 가게는 짚단 위에 계란을 소복이 모아서 진열했는데, 어미닭이 갓 낳았을 때의 모습을 재현한 듯했다. 사탕과 젤리를 파는 가게는 어른 머리보다 더 큰 사탕으로 고객의 시선을 끌었다. 견과류를 파는 가게 중에는 호두, 잣, 아몬드 등을 얇은 유리에 끼워 액자 형태로 만들어 한 폭의 명화처럼 벽에 걸어 둔 곳도 있었다. 파프리카를 파는 가게도 둥근 쟁반 위에 초록색 배추를 깔고 그 위에 파프리카를 탑처럼 쌓아 올렸다.

이곳에서 판매되는 제품들은 하나같이 신선하다는 느낌을 주었을 뿐 아니라 다 맛있어 보였다. 보기 좋은 떡이 맛도 좋다는 옛 선인들의 속담을 여기서 확인할 수 있었다. 무엇보다 진열 자체가 관광객들에게 볼거리와 즐거움을 동시에 제공하는 것을 보며, 우리나라 전통시장도 관광객들에게 그러한 즐거움을 줄 수 있는 창조적인 진열기법 개발이 꼭 필요하다는 생각을 했다.

Auckland

New Zealand

과학적 진열의
첫째 조건

뉴질랜드 오클랜드의 슈퍼마켓

바다로 둘러싸인 오클랜드는 아름답고 편리한 도심 생활공간을 갖추고 있다. 국제공항, 유람선 항구가 있으며, 쇼핑이며 예술과 문화, 아름다운 자연 경관까지 모두 즐길 수 있는 도시이다. 토요일에 오클랜드에 있다면 주말 시장인 파넬에서 열리는 프렌치 마켓과 도심 브리토마트의 시티 파머스 마켓도 들러 볼 만하다.

뉴질랜드 오클랜드의
슈퍼마켓

당장 공짜 티켓을 줄 테니 다시 한 번 더 가고 싶은 나라가 어디냐고 물어본다면 나는 주저 없이 '뉴질랜드'라고 대답할 것이다. 뉴질랜드 여행 일정을 너무 빠듯하게 잡은 탓에 결국 남섬과 북섬 중 한 군데만 가야 하는 상황에 봉착했던 것이다. 물론 정신없이 핵심 관광 포인트만 찍는다면 열흘 동안에 둘 다 가볼 수도 있었겠지만, 여행의 감동은 충분히 녹아들고 젖어 들 때 느낄 수 있는 것이기에 북섬만 가기로 결정했다.

뉴질랜드에 도착해서 가장 먼저 찾아간 도시는 오클랜드Auckland였다. 오클랜드는 지형적으로 바다에 완전히 둘러싸여 아주 좁은 모양을 하고 있는데, 시내에서 바다가 매우 가까워 조금만 걸어가도 깨끗한 바다를 만날 수 있다. 요트의 도시답게 항구에는 수많은 요트가 정박해 있었다. 그런데도 얼마나 물이 깨끗한지 아이들이 거기서 수영을 즐기고 있었다. 부산에 있는 요트경기장과는 완전히 다른 분위기였다.

커넥팅 진열이란 이런 것

매연을 맡을 수 없는 청정한 공기와 파란 하늘과 바다, 깔끔한 도로와 세련된 도시 경관은 복잡하고 정신없는 여느 대도시와는 분위기가 사뭇 달랐다. 발걸음도 경쾌하게 시내 구경에 나섰다가, 유독 손님이 많은 작은 슈

●● 크래커 옆에 발라 먹을 수 있는 소스를 함께 진열한 매대.
그 크래커와 궁합이 잘 맞는 소스를 골라 주는 것이 다른 매장과 차별화하는 방법이다.

퍼마켓 앞에 멈춰 섰다.

안으로 들어가 보니 작은 규모에 비해 매장 구성이 아주 짜임새가 있어 깜짝 놀랐다. 독신 인구가 늘어나고 간편 식품을 선호하는 트렌드를 반영 하여 모든 제품이 소포장으로 진열되어 있었고, 한 번 데우기만 하면 먹을 수 있는 제품들이 입구에 배치되어 들고 나가기 편리하게 되어 있었다. 안 쪽까지 좀 더 꼼꼼하게 둘러보니 과학적인 진열로 고객의 시간을 절약해 주고 있었다.

음료수 진열 코너 사이사이에는 탄산수가 빠져나가지 않는 물병들이 같이 진열되어 있었다. 음료 캔을 따서 다 마시지 못하면 물병 안에 넣어서 보관할 수 있도록 말이다. 보통 아이템별로 진열하기 때문에 물병은 물병 코너에 배치하는 것이 일반적이다. 하지만 그중에서 대표적인 제품을 선별하여 음료수와 함께 진열한다면 고객 입장에서는 시간을 절약할 수 있고, 매장 측에서는 매출 상승으로 이어질 것이다.

샐러드 코너에서 소스를 함께 파는 것은 이제 우리나라 슈퍼에서도 흔히 볼 수 있는 풍경이다. 이곳 닭고기 코너에서는 이동 중 변질을 방지하기 위해 한두 팩이 들어갈 수 있는 아이스 가방과 딱 한 번 먹을 양의 소스를 함께 진열하고 있었다. 냉장 식품을 만지고 난 뒤 손에 묻은 물기를 닦을 수 있는 티슈까지 같이 진열돼 있었다. 정말 배려심 하나는 세계 최강인 것 같았다.

소시지와 슬라이스 햄을 파는 곳에도 먹고 남은 햄을 넣어 보관할 수 있는 적정 사이즈의 밀폐용기가 진열되어 있었다. 아기 분유를 파는 곳에는 그 월령대 아이가 가지고 놀 수 있는 작은 장난감을 함께 진열했다. 볶아서 먹는 콩 옆에는 당연히 나무 뒤지개가, 계란 코너에는 프라이를 할 수 있는 작은 프라이팬이, 간편하게 데워 먹는 냉동 식품을 파는 냉장고 문에는 각각의 요리에 맞는 소스들이 붙어 있었다.

또 크래커 사이에는 발라 먹을 수 있는 잼과 소스가 같이 진열돼 있었다. 물론 그 많은 소스를 모두 같이 진열할 수는 없다. 이 작은 슈퍼에 몇백 가지나 되는 소스를 다 진열한다면 매장은 창고로 변할 것이다. 그 크래커와 가장 궁합이 잘 맞는 잼과 소스를 찾아내는 것! 그것이 다른 매장과 차별화할 수 있는 길이다.

랭킹? 랭킹!

우리 동네 슈퍼마켓을 가보면 한 아이템에 너무 많은 종류의 물건이 진열되어 있어 무엇을 골라야 할지 난감할 때가 있다. 이것은 고객들만의 고민은 아니다. 슈퍼마켓을 운영하는 점주들도 고객이 무엇을 선호할지 몰라 되도록 다양한 물건을 구비해 놓는다.

컨설팅을 가보면 가장 많이 듣는 말 중 하나가 매장이 너무 좁아서 물건을 다 진열할 수 없다는 것이다. 매장이 더 넓으면 다양한 아이템을 가져다 놓고 더 많이 팔 수 있을까? 매일매일 새로운 제품이 출시되는 상황에서 모든 아이템을 다 가져다 놓으려면 몇백 평이 되어도 부족할 것이다. 최소한의 크기로 최대한의 효율을 올리려면 '진열 과학'이 필요하다.

구매하는 소비자도, 판매자도 불편을 줄일 수 있는 방법은 있다. 요즘 오프라인 매장 중에서 가장 뜨는 곳이 바로 '랭킹랭퀸'인데 분야별로 판매량 1위에서 5위까지의 아이템만 취급하는 오프라인 매장이다. 전자제품 코너에 들어서면 가장 먼저 눈에 띄는 것이 상품 앞에 놓인 순위표다. 가장 잘 팔리는 아이템 1~5위가 나와 있고, 이와 더불어 곧 랭킹에 진입할 유망주도 1위부터 5위까지 소개하고 있다. 대형 서점의 베스트셀러 목록과 비슷하다.

그렇게 전시하면 고객의 90퍼센트 이상이 1~5위 안에 있는 아이템을 선택한다. 고객의 입장에서 보면 무엇을 선택할지에 대한 혼란을 줄이고 시간도 절약할 수 있다. 또 판매자 측에서는 원하는 제품을 팔 수 있고 공간의 효율도 높일 수 있다.

신뢰도 높은 자료를 바탕으로 엄선된 물건만 판매하므로 고객들은 일반

● ● 커넥팅 진열의 기본 조건은 내가 아닌 고객의 입장이 되어 보는 것이다.

매장보다 훨씬 편하게 제품을 고를 수 있어 만족도가 높다. 물건을 사지 않는 고객도 통로를 지나며 요즘 인기 제품이 무엇인지 정보를 얻을 수 있어, 지나는 길에 한 번이라도 더 찾게 된다. 이처럼 동네 슈퍼마켓도 과자, 음료, 고추장 등에 랭킹을 매긴다면 어지럽게 물건이 쌓인 통로를 정리할 수 있지 않을까.

과학적인 진열의 조건

과학적인 진열의 첫째 조건은 배려심이다. 나의 기준으로 보는 것이 아니라 고객의 입장이 되어 보는 것이다. 수많은 소상공인 점포를 컨설팅하면서 가장 답답했던 부분은 모든 것이 본인 기준으로 이루어진다는 것이었다. 물건을 산더미처럼 진열해 놓고 '알아서 골라 가세요' 하는 건 장사하기 싫다는 말과 다름없다.

그 지역 상권에 어떤 사람들이 사는지, 성향이 어떤지, 선호 식품이 무엇인지 파악해서 그들이 원하는 제품을 가져다 놓고 순위를 매긴다면 선택 혼란에서 오는 고객의 스트레스를 해결함과 동시에 작은 규모로도 충분히 효율이 높은 매장이 될 수 있다. 바로 뉴질랜드의 이 작은 슈퍼마켓처럼 말이다. 이곳은 아이템별 랭킹 선정은 기본으로 하고, 상품과 상품을 연결시켜 주는 커넥팅 진열이 아주 잘되어 있었다.

무엇보다 소비자들이 선택의 폭이 넓은 것을 좋아할 것이라는 착각에서 벗어나야 한다. 실제로 선택해야 할 상품의 종류가 너무 많을 경우 오히려 구매도가 낮아진다는 연구 결과가 계속해서 나오고 있다.

로저 둘리의 《그들도 모르는 그들의 생각을 읽어라》에도 흥미로운 연구가 나온다. 고급 마트에서 잼을 두 가지 방식, 여섯 가지와 스물네 가지로 진열하고 나서 소비자의 행동을 비교하는 실험을 했다. 잼을 여섯 가지만 선보였을 때는 소비자의 40퍼센트가 코너에 들렀으나 스물네 가지를 선보였을 때는 60퍼센트나 코너에 들렀다. 그러나 흥미로운 부분은 소비자의 구매 행동이었다. 여섯 가지의 잼을 접한 소비자 가운데 30퍼센트가 잼을 구입한 반면 스물네 가지의 잼을 접한 소비자 중에서는 고작 3퍼센트만이 잼을 구입했다.

그런데 문득 엉뚱한 생각이 떠올랐다. 고객의 마음을 헤아리는 서비스에 과학을 접목해 이런 걸 한번 시도해 보면 어떨까? 슬로건은 '당신의 건강을 책임지는 시장'이다. 요즘 시장에 가보면 고객 휴게실이 잘 갖추어져 있다. 여기에 건강 분석기를 한 대 들여놓는 것이다. 한의원이나 헬스클럽에 가면 흔히 볼 수 있는 기계로 그 위에 올라가 손잡이를 쥐면 자신의 건강 상태를 체크해 준다. 여기에 한 가지 기능을 추가하면 된다.

'검사 결과 ○○○ 고객님은 비타민이 부족하시네요. 시장 2-3호에 있는 영희네 과일 가게에서 제철 과일을 드세요.'

'△△△ 고객님은 단백질이 필요합니다. 시장 입구 파란 골목길을 따라가서 1-3호에 있는 정육점에서 소고기를 사서 드세요.'

전국 최초로 과학과 감성이 접목된 건강 시장이 생겨나기를 기대해 본다.

경쟁에 우선하는 조화와 배려

청정한 도시 구경을 마치고 본격적으로 뉴질랜드 여행에 나섰다. 지상낙원을 보는 듯 원시 그대로의 모습을 간직하고 있는 경이로운 자연과 그 속에서 조화롭게 살아가는 사람들의 모습이 참으로 아름답고 또 부러웠다.

영화 〈피아노〉의 배경이 되었던 피하 비치Piha Beach에 갔는데, 그 흔한 표지판 하나가 없어 깜짝 놀랐다. 칸영화제 여우주연상을 비롯해 수많은 상을 받았던 영화인데 그곳에는 영화 촬영지라는 포스터 한 장 붙어 있지 않았다. 우리나라 같았으면 큰 안내판은 기본이요 여주인공 사진과 기념 촬영을 할 수 있는 포토존까지 난리가 났을 텐데 말이다.

너무나 단출한 모습에 이곳이 영화 촬영지라는 것이 믿기지 않아서 현지인에게 물었더니 이런 대답이 돌아왔다.

"그 영화가 나오기 전부터 여긴 우리 아이들이 수영하던 곳이에요. 그 영화가 유명해졌다 해도 우리의 바다는 달라지지 않아요."

인기에 편승해 이익을 얻기보다는 예전 모습 그대로를 지켜 내려는 그들의 담담한 마음이 느껴졌다. 더 가지려는 경쟁의 마음이 아니라 함께 조화롭게 지키며 사는 것에 더 큰 의미를 두고 살면 이렇게 더 살기 좋은 곳이 된다는 깨달음이 찾아왔다. 뉴질랜드에서 내가 배운 것은 경쟁에 우선하는 조화와 배려였다.

Finland

Helsinki ★

불황에도
살아남는 비밀

핀란드 헬싱키 레가타 카페

•• 　헬싱키의 서쪽 바닷가에 맞닿아 있는 예쁜 카페다. 시나몬 빵이 맛있기로 유명하다. 시벨리우스 공원에 위치해 있다.

주소 Eteläinen Hesperiankatu 34, 00100 Helsinki

핀란드 헬싱키
레가타 카페

핀란드는 첫 여행지인 인도에서 한 달간의 죽을 고생을 마치고 두 번째로 간 곳이었다. 인도와는 달라도 너무 다른, 코끝을 간질이는 맑고 상쾌한 공기를 마시니 폐까지 정화되는 느낌이었다.

북유럽 중에서도 핀란드에 먼저 갔던 것은 친한 후배가 이곳에서 공부 중이었기 때문이다. 7년 동안 공부했으면 당연히 박사 과정을 밟고 있겠거니 했는데 아직 후배는 석사 과정 중이라고 했다. "무슨 석사를 7년이나 하니, 학비 대려면 너희 아빠 등골 휘겠다" 했더니 후배가 "언니, 여긴 학비가 공짜야" 했다.

나는 한국에서 7년 만에 석·박사를 마치며 골병이 들었다. 시골에 사는 어머니가 학비를 대주실 수 있는 상황이 아니었기 때문에 주경야독했다. 회사를 마치고 부랴부랴 달려가도 수업이 끝나 있는 날이 더 많았다. 불 꺼진 강의실에서 혼자 엎드려 울었던 게 한두 번이 아니었다. 하루 종일 대학원 공부만 하는 친구들을 따라잡기 위해 잠도 줄이고 먹는 시간도 줄이고 자투리 시간까지 쪼개고 또 쪼개 썼다. 박사 과정이 끝날 즈음에는 7년간 몸을 혹사한 탓에 병원에 입원까지 했다.

새로운 것을 배운다는 즐거움보다는 학위를 받아야 한다는 강박에 시달려 내가 왜 공부를 하고 있는지 그 의미를 찾지 못했던 내게 석·박사 기간은 매일이 고통의 연속이었다. 이렇게 시선을 조금만 돌리면 공부를 공짜

로 할 수 있는 방법도 있는데 말이다. 그때 나는 경주마처럼 앞만 보며 달렸다. 처음부터 다른 사람들은 어떻게 사나 둘러보며 천천히 달렸더라면, 중간에라도 방향을 수정할 수 있었을 텐데 말이다.

후배가 석사를 마치는 데 7년이나 걸린 이유는 여행을 많이 했기 때문이라고 한다. 전공 서적을 보다가 멋진 건축물이 나오면 방학을 이용해 그곳으로 날아갔고, 그런 훌륭한 건축이 나올 수밖에 없는 이유를 그곳 사람들의 삶 속에서 알아보기 위해 몇 달이고 아르바이트를 하며 거기서 살았다고 한다.

더 마셔 주셔서 감사합니다

후배가 다니는 학교 구경을 마친 뒤, 핀란드 헬싱키 현지인들이 즐겨 찾는다는 카페에 갔다. 이름이 '레가타'였는데 입구에 들어서자 붉은 들장미가 먼저 반겨 주었다.

통나무로 만든 작은 카페 안은 시골 오두막에 온 듯 정겨운 분위기였고, 작은 가게는 이미 손님들로 가득 차 있었다. 손때 묻은 핀란드 전통 인형과 소품들은 이 카페가 얼마나 오랫동안 사랑받아 왔는지를 눈으로 알려 주었다. 커피와 시나몬 빵을 시켜서 발트 해가 바라다보이는 마당 테이블에 앉았다.

카페 입구에서부터 벽면까지 유달리 장미꽃이 많아 나는 후배에게 벽 장미를 이렇게 많이 가져다 놓은 특별한 이유가 있는지 물었다. 핀란드 사람들은 긴 겨울밤을 댄스파티로 보내는데, 예쁜 드레스를 입은 여성들은 벽에 붙어 서서 남성들의 춤 신청을 기다린다.

하지만 이 밤이 다 가도록 한 번도 춤 신청을 받지 못한 여성을 바로 벽에 붙은 장미, 벽 장미라고 부른다고 한다. 필드에 나가 예쁜 드레스 자랑도 한 번 못 해보고 집으로 돌아간다니 슬퍼도 너무 슬픈 이름이다. 입구에서 보았던 붉은 장미가 달리 보였다.

커피와 빵을 먹으며 이런저런 이야기를 나누다, 커피가 부족해서 리필을 하려고 카운터로 갔다. 한국에서는 보통 커피숍에서 커피를 마시고 리필을 하면 5백 원에서 천 원 사이의 추가 금액을 받는다. 여기서도 당연히 그럴 거라는 생각에 리필 값을 지불할 생각으로 지갑을 뒤적였다.

그런데 그 순간 가게 주인이 미소를 지으며 이렇게 말했다.

"우리 가게 커피를 이렇게 맛있게 드셔 주셔서 너무 감사합니다."

그리고 리필 커피와 함께 핀란드 동전 중 가장 큰 5센트짜리 동전을 건넸다. 뭐냐고 물으니 자신의 가게 커피를 맛있게 마셔 준 데 대한 '보답'이라고 했다. 모든 사람이 커피를 더 마시면 돈을 더 내야 한다고 생각할 때, 그는 '우리 가게 커피가 얼마나 맛있으면 두 잔이나 마셔 줄까?' 하고 고객의 입장에서 생각한 것이다.

동전을 만지작거리며 따뜻한 커피를 마셨다. 커피 향보다 더 진한 주인의 마음을 마신 하루였다. 그때의 기억은 머릿속에서 지워지지 않았고, 한국에 돌아온 지금도 그 향이 마음 한편에 그대로 남아 있다. 그 주인은 커피가 아니라 마음을 팔았던 것이다. 그리고 그 마음은 고객들의 마음까지 움직였다. 그래서일까. 이 카페는 빈자리가 없을 정도로 손님들로 꽉꽉 차 있었다.

세계 어디를 가도 먹고살기가 힘든 것은 마찬가지였다. 하지만 고객의 마음을 얻은 가게는 불황과 금융 위기에도 살아남아 수십 년, 수백 년의 전통을 자랑하며 여전히 사랑받고 있었다.

지금 하는 일은 당신에게 어떤 의미인가

가우디의 역작인 바르셀로나의 파밀리아 성당은 130년째 건축 중이다. 관련된 이야기들이 전설처럼 내려오고 있는데, 그중 한 가지를 소개하려 한다.

어느 날 남루한 차림의 가우디가 현장 노동자 한 사람에게 다가가 지금 무엇을 하고 있느냐고 물었다.

"보면 모르슈. 벽돌을 쌓고 있잖아. 매일 똑같은 일을 하니까 이제 벽돌만 봐도 넌더리가 난다니까."

다른 사람에게 물으니 이런 답이 돌아왔다.

"돈 벌고 있잖아."

마지막으로 밝은 표정으로 일하고 있는 또 한 사람에게 물었다.

"저는 아름다운 성당을 짓고 있습니다. 아마 세상에 하나밖에 없는 멋진 성당이 될 것입니다."

세 사람은 같은 일을 하고 있었지만, 그 일이 갖는 의미는 서로 달랐다. 파밀리아 성당이 전 세계 많은 사람에게 감동과 기쁨을 주는 이유는 아마도 세 번째 사람의 마음 덕분일 거라고 나는 생각한다.

장사도 일도 결국은 누군가의 마음을 얻는 일일 것이다. 벽돌을 쌓든 커피를 팔든 내가 일하는 의미가 무엇인지에 대한 깊은 성찰이 필요하다. 남다르게 되고 싶다면 무의미하다고 느껴지는 일상적인 행위에 특별한 의미를 부여해야 한다. 의미가 담긴 마음이 상대에게 전달될 때 감동이 생기는 것이고, 그 감동은 기적을 낳는다.

어떤 일을 할 때 상대에게 기쁨을 준다고 생각하는 사람과 이 일이 다른 사람에게 어떻게 보일까를 신경 쓴 사람은 다른 결과를 낼 수밖에 없다. 처음 시작은 별 차이가 없을지도 모른다. 하지만 시간이 지날수록 그 차이는 점점 더 벌어지게 되고, 성실함만으로는 따라갈 수 없는 다른 세상에 다다르게 된다.

이렇듯 내가 하는 일의 의미는 대상에 대한 관심과 사랑에서 싹튼다. 상대가 즐거워하는 모습을 보고 싶은 마음에 자기가 잘하는 일을 열심히 하다 보면 어느 날 성공한 자신을 발견하게 되는 것이다. 하지만 일 자체를 성공의 대상으로 삼는다면 성공을 향해 가는 과정이 고통스럽고 힘들기만 할 것이다. 내가 하는 일의 의미를 어디에 두느냐에 따라서 전혀 다른 인생을 살 수 있는 것이다.

지금 당신이 하고 있는 일은 무엇인가? 그 일은 당신에게 어떤 의미를 가지고 있는가?

다시 본질이다

미국 로스앤젤레스 길모어 파머스 마켓(Gilmore Farmers Market)

처음 세계 전통시장 탐방에 나설 때만 해도 나의 관심은 온통 눈에 보이는 외형적인 것에만 맞추어져 있었다. 해외 전통시장은 어떤 형태를 하고 있을까? 얼마나 크고 아름다울까? 어떤 독특한 마케팅 기법을 쓸까? 상품진열은 얼마나 멋있을까?

하지만 1년간 150여 개의 전통시장을 둘러보며 나는 시장을 살리는 것은 외형이 아니라 본질이라는 깨달음을 얻었다. 손님이 찾는 시장은 멋진 외형에 앞서 시장의 본질인 '품질 좋은 상품'에 충실하고 있었다.

전통시장이 매년 늘어나고 있다고?

중소기업청의 조사에 따르면 대형 마트 한 개는 전통시장 아홉 개의 매출을 올리고, 대형 마트의 매출이 매년 30퍼센트씩 성장할 때 전통시장은

● ● ● 로스앤젤레스 중심가에 위치한 길모어 파머스 마켓.
연중무휴 상설시장으로 2백여 개의 점포가 있으며, 매일 평균 1만 명이 이곳을 찾는다.

7퍼센트씩 감소하고 있다고 한다. 전통시장과 중소 유통업체 상인들의 폐업율은 매년 15퍼센트씩 증가하고 있는 추세이다. 그런데 미국의 전통시장 격인 '파머스 마켓'은 오히려 매년 점포 개수가 늘어나고 있다고 한다. 더구나 미국은 대형 마트의 원조가 아니던가.

그 이유가 궁금해 LA에 있는 길모어 파머스 마켓을 찾았다. 입구에 들어서니 시장을 상징하는 하얀 시계탑이 제일 먼저 눈에 들어왔다. 놀이동산의 놀이기구처럼 알록달록한 색의 주유소가 있고, 그 앞에는 다 낡아 빠진 고물 트럭이 한 대 서 있었다. 엄마를 따라 시장에 온 아이들은 놀이동산에 온 것처럼 트럭 위에서 신 나게 뛰어놀았다. 그런데 이곳은 기름도 넣을 수 없는 가짜 주유소였다.

1930년대 길모어라는 사람이 지금의 시장 터에 주유소와 매점을 지었다고 한다. 도심으로 농산물을 팔러 가던 트럭들이 기름을 넣기 위해 이곳에 들렀고, 그러다 서로 자기 트럭에 실린 농산물을 보여 주기 시작했다. 그렇게 서로 물물 교환이 이루어졌고, 그 소문을 들은 마을 사람들이 싸고 신선한 농산물을 사기 위해 모여들었다. 그러자 농산물 트럭들에게 50센트씩 내고 빈 땅을 빌려 주었고, 그렇게 형성된 시장이 현재 미국 파머스 마켓의 원조, 길모어 파머스 마켓의 시작이라고 한다. ·•

'아! 그래서 주유소를 설치하고 낡은 트럭도 가져다 놓은 거구나.'

이 주유소는 글씨나 그림의 나열이 아닌 현장의 재현을 통해 시장의 역사를 자연스럽게 알려 주는 작은 박물관인 셈이다. 1930~40년대 분위기를 물씬 풍기는 정겨운 모습에 시장이 아니라 공원 같은 분위기가 느껴졌다.

시장에는 2백 개 이상의 소규모 상점과 백 개 이상의 식당이 있다. 점포

● ● 이 시장의 유래를 자연스럽게
알려 주는 주유소와 낡은 트럭.

마다 '우리는 이렇게 만들었어요'라고 쓴 간판을 달아 놓은 것을 보니, 소
비자들에게 상품 정보를 알리려는 노력이 다른 시장과 확연히 달랐다.

'아이스크림이 여기에서 만들어지고 있어요'라고 적힌 간판을 따라가 보
니 투명한 유리창 안에서 아이스크림 만드는 전 과정을 가감 없이 보여 주
고 있었고, 모자 만드는 점포에서는 낡고 오래된 재봉틀 앞에 앉아 모자를
한 땀 한 땀 박음질하는 아저씨가 이리 들어와 구경하라고 손짓했다.

시장에서 판매하는 농수산물은 어느 것 하나 신선하지 않은 곳이 없었고,
그 재료를 사용해 만든 음식점은 손님들로 발 디딜 틈이 없었다. 세계 각지
에서 온 향신료와 야채, 저장 식품 등 다양한 식료품, 주인이 직접 만든 잼과
초콜릿 같은 홈메이드 제품을 살 수 있다는 것이 이곳의 가장 큰 매력이다.

믿을 수 있는 물건이 시장을 바꾼다

이곳에서 상품을 판매하는 자격을 얻으려면 다소 까다로운 심사를 통

과해야 한다고 한다. 20쪽 분량의 생산 보고서를 제출해야 하고 친환경 기준을 3년 연속 통과해야 한다. 또한 유기농 제품의 경우 공인 인증기관으로부터 해마다 감사를 받아야 하고 인증 수수료도 내야 한다. 이런 까다로운 절차를 통과하고 엄격한 친환경 규정을 지킨 농민과 상인만이 이곳에서 물건을 팔 수 있는 자격을 얻는다고 하니, 고객들이 믿고 사는 것이다.

얼마 전 청주 육거리시장 프로젝트 때문에 시청을 방문했다. 나는 담당자에게 미국에 이런 시장이 있으니 청주시에서 전국 최초로 '전통시장 품질관리연구소'를 하나 만들어 보면 어떻겠느냐고 제안했다. 시장 안에 품질관리연구소를 두고, 품질관리 우수인증을 받은 점포에는 인증 마크를 크게 걸어 주어 상품의 우수성을 손님들에게 알리는 것이다.

10개 점포로 시작해 고객들에게 인정받고 매출이 오르면 주변 상인들의 의식도 서서히 바뀌어 나갈 것이고, 언젠가는 청주 육거리시장 전체 상품이 미국의 길모어 파머스 마켓처럼 철저하게 품질이 인증된 제품만을 파는 시장으로 명성을 얻는 날이 올 것이다.

어디에서 어떻게 재배되어 나의 식탁까지 오는지 알고 싶은 소비자의 심리를 간파한 파머스 마켓은 발 빠르게 소비자가 원하는 것을 실천에 옮겼다. 생산과 유통 이력을 투명하게 공개한 것이다. 그리고 누가 어떻게 만들었는지 모르는 대형 마트의 상품보다 '얼굴 있는 상품'을 선호하는 소비자가 늘면서 파머스 마켓은 전성기를 맞고 있다. 미 농무부USDA에 따르면 1994년 1,755개에서 지난해 7,864개로 늘었다고 한다. 해마다 340개씩 시장이 새로 태어난 셈이다.

이곳 상인들은 입을 모아 이야기한다.

"대형 마트는 우리의 경쟁 상대가 아닙니다. 손님이 엄연히 다르기 때문이지요."

이러한 상인들의 당당함은 다름 아닌 품질에 대한 자신감에서 나오는 것이다.

실제로 시장 주변에는 미국의 내로라하는 대형 마트와 최신식 쇼핑몰, 백화점 등이 자리 잡고 있다. 하지만 시장이 생긴 이래 길모어 파머스 마켓은 지금까지 한 번도 이 지역의 핵심 상권 지위를 잃은 적이 없다고 했다. 대형 마트보다 조금 더 비싸도 믿고 먹을 수 있는 훌륭한 상품을 판매하니까 매일 평균 1만 명의 손님들로 장사진을 이루는 것이다.

이곳에는 대를 이어 장사하는 가게가 많았는데, 점포 1개당 평균 영업 기간이 20년을 넘는다. '여기서 1963년부터 장사했어요'라고 적힌 벤넷 아이스크림Bennett's Ice Cream 가게는 50년이 넘는 역사를 가진 홈메이드 아이스크림으로 인기가 높고, 1917년부터 장사를 해왔다는 타코스TACOS는 낡고 오래된 간판이 아직까지 그 자리에 걸려 있다. 상인들의 눈빛만 봐도 파머스 마켓의 원조가 자신들이라는 자부심이 뿜어져 나왔다.

시설 중심의 시장에서 사람 중심의 시장으로

대형 마트와 기업형 슈퍼마켓에 밀려 설 자리를 점점 잃어 가는 한국의 전통시장과는 달라도 너무 다른 모습이다. 정부가 지난 10년간 막대한 예산을 투여했는데 한국의 시장들이 예전의 활기를 되찾지 못하는 이유는 무엇일까?

마트처럼 편리한 쇼핑 공간을 만들기 위해 큰돈을 들여 아케이드를 설치했고, 고객 편의를 위해 휴식 공간에 주차장도 확보했다. 또 택배 서비스에서 친절 교육까지 마트에서 하는 것은 다 했는데 도대체 왜 시장은 살아나지 않는 것일까?

얼마 전 빅데이터로 풀어 보는 전통시장 활성화 방안에 패널로 출연한 적이 있다. 4만여 건의 전통시장 관련 키워드를 분석해 시장을 찾지 않는 이유를 찾아보니 첫 번째가 신뢰할 수 없는 상품으로 나왔다. 고객들이 시장을 찾지 않는 가장 큰 이유가 바로 상품이 어디에서 어떤 과정을 통해 온 것인지 알 수 없기 때문이라는 것이다. 그런데 이러한 고객의 욕구는 무시한 채 그간 외형 바꾸기에만 막대한 예산과 시간을 쏟아부어 온 것이다.

외형을 바꾸는 데 치중하는 이유는 본질에 자신이 없기 때문인지도 모른다. 무언가를 덧붙이고 덧칠해야 본질과 비슷한 효과를 얻을 수 있다고

●●● 50년이 넘는 역사를 가진 벤넷 아이스크림은 수제 아이스크림으로 아주 인기가 높다.

생각하는 것일까? 그러나 본질 없는 외형 바꾸기는 실패할 수밖에 없다. 지금처럼 '좋은 상품'이라는 본질이 없이 외형 바꾸기에만 치중한다면 언젠가 시장은 사라질 것이다.

백 년 된 일본의 어떤 식당은 점포를 열기 전에 음식 재료로 쓸 농산물을 심을 좋은 흙을 만드는 데 4년이라는 시간을 투자했다고 한다. 그 이야기를 듣고 나는 큰 감동을 받았다. 식당을 열기 위해 흙부터 생각하는 주인의 마음이 바로 세월을 이기고 살아남는 가장 본질적인 비법이 아닐까? 시장의 본질은 믿고 살 수 있는 상품에 있고, 식당의 본질 또한 믿고 먹을 수 있는 음식에 있는 것이다.

사실 길모어 마켓에 직접 가보기 전까지는 너무나 유명한 시장이라 대단한 시설을 하고 있을 거라고 생각했다. 하지만 시장의 모습은 어릴 적 주말 저녁에 TV에서 보던 미국 서부영화의 한 장면 같았다. 두 사람이 겨우 지나갈 정도의 좁은 골목에는 음식점과 가게들이 옹기종기 붙어 있었다. 시설 현대화가 잘되어 있는 한국의 시장보다도 영세하다는 느낌마저 받았을 정도다.

휘황찬란한 새 건물은 쇠퇴하는 시장의 미관을 멋있어 보이게 만들 수 있을지는 몰라도 시장의 근본 문제를 치유하지는 못한다. 구조물 중심으로 시장을 활성화하려는 노력은 멈추어야 한다. 시장은 구조물의 집합체가 아닌 사람의 집합체이기 때문이다. 시장에는 엄마와 어린 나의 추억이 있고, 그 추억과 경험은 어린 자녀에게 대물림되는 삶의 유산과 같은 것이기 때문이다.

새로운 스타디움이나 경전철 시스템, 컨벤션 센터, 주택 사업 같은 대규모

건설 사업을 추진하면 도시가 예전의 영광을 되찾을 수 있다는 그릇된 상상을 하는 사람들이 너무나 많다. '공공 정책은 가난한 장소가 아닌 가난한 사람을 도와야 한다'는 《도시의 승리》 저자 에드워드 글레이저의 말처럼 시장의 영광을 되찾으려면 시설이 아닌 시장과 연결된 사람들을 도와야 한다.

이는 시장에서 물건을 판매하는 사람에게만 해당되는 말이 아니다. 아무리 훌륭한 상품을 가져다 놓아도 고객이 외면한다면 상인은 그 물건을 지속적으로 판매하기 힘들 것이다. 국가에서 해야 할 일은 바로 나소 비싸더라도 사람을 살릴 수 있는 좋은 먹거리임을 지속적으로 알리고, 구매할 수 있는 사회적 분위기를 조성하는 것이다.

시장이 활성화되지 않는 이유는 바로 상품이라는 본질적인 문제에 집중하지 않았기 때문이다. 그렇다고 이를 상인 개개인의 문제로만 치부해서는 안 된다. 소비자 또한 그들이 지속적으로 의지와 신념을 가지고 바른 상품을 판매할 수 있도록 지지하고 또 그런 제품을 구매해야 한다. 그렇게 될 때 시장은 바른 먹거리와 훌륭한 상품으로 넘쳐 나고, 또 자연스럽게 사람들로 넘쳐 날 것이다. 바로 길모어 파머스 마켓처럼 말이다.

뻔하지만 지키기 어려운 것

1년간 세계의 전통시장을 둘러보면서 마케팅이 훌륭한 시장, 지붕이 랜드마크가 된 시장, 독특한 진열과 독창적인 홍보 전략 등으로 새로운 문화를 만들어 낸 많은 시장들을 보았다. 그들은 하나같이 이렇게 말했다.

"우리는 대형 마트에선 구할 수 없는 우리만의 특별함을 팝니다."

그 특별함이란 무엇일까? 그것은 바로 사람을 살리는 바른 먹거리와 품질 좋은 상품이라는 본질에 있었다. 손님이 찾는 시장은 멋진 외형도 있었지만 그것보다 우선하여 좋은 품질의 상품이라는 본질적인 해답을 이미 가지고 있었다. 본질 없는 외형은 사람이 살지 않는 집과 같다.

'본질에 충실하자'는 표현처럼 상투적이면서 지키기 힘든 말도 드물 것이다. 일상의 많은 것이 그렇다. 뻔한 말일수록 실천하기는 더욱 어렵다. 어쩌면 우리는 지키기 쉬운 것에만 열정을 쏟고 지키기 어려운 것은 너무나 당연해 외면해 온 것은 아니었을까? 실천하기 힘들기에 더더욱 실천해야 하는 것이 바로 '본질'을 찾는 것이다.

1년간의 전통시장 탐방은 시장의 본질이 무엇인지 처음으로 돌아가 다시 생각하고 고민하게 만들었다. 언제부터 시장이 사람들에게 외면당했고 무엇 때문에 시장에 가지 않게 되었는지 그 출발점에 서서 깊이 생각해 볼 수 있었다. 이 여행을 통해서 시장의 본질뿐만 아니라 내 삶의 본질에 대해서 다시 한 번 고민하고 되짚어 볼 수 있어 너무나 감사한 시간이었다.

세월의 흐름과 변화의 광풍에도 뿌리가 흔들리지 않고 몇백 년씩 명맥을 이어 오는 시장들의 비밀은 바로 본질에 있었다. 우리의 삶 또한 내가 왜 사는지에 대한 본질적인 물음을 던지고 깊이 고민하는 시간이 필요하다. '나는 왜 사는가?' '왜 이 일을 하는가?' 이 물음에 대한 답을 알고 있는 사람은 아무리 거센 비바람이 불어와도 흔들리지 않는 성숙한 삶을 살 수 있을 것이다.

살아
남은
것들의
비밀

1판 1쇄 발행 2014년 4월 24일
1판 8쇄 발행 2019년 3월 15일

지은이 이랑주
펴낸이 김성구

단행본부 류현수 고혁 현미나
디자인 한아름 문인순
제 작 신태섭
마케팅 최윤호 나길훈 유지혜 김영욱
관 리 노신영

펴낸곳 (주)샘터사
등 록 2001년 10월 15일 제1-2923호
주 소 서울시 종로구 창경궁로35길 26 2층 (03076)
전 화 02-763-8965(단행본부) 02-763-8966(마케팅부)
팩 스 02-3672-1873 **이메일** book@isamtoh.com **홈페이지** www.isamtoh.com

ISBN 978-89-464-1868-4 03320

이 도서의 국립중앙도서관 출판시도서목록(CIP)은 e-CIP 홈페이지
(http://www.nl.go.kr/cip.php)에서 이용하실 수 있습니다. (CIP제어번호: CIP2014012016)

값은 뒤표지에 있습니다.
잘못 만들어진 책은 구입처에서 교환해 드립니다.